LA CLASSE

CONFÉRENCES A DES RELIGIEUSES INSTITUTRICES
SUR LA MANIÈRE
d'instruire et d'élever les enfants,

PAR

Mgr Amédée CURÉ
ANCIEN AUMÔNIER DE M. LE COMTE DE CHAMBORD
CAMÉRIER D'HONNEUR DE S. S. LÉON XIII
CHANOINE HONORAIRE DE CHALONS (MARNE)

PARIS
LIBRAIRIE DE L'ŒUVRE DE SAINT-PAUL
6, rue Cassette, 6

DU MÊME AUTEUR, A LA MÊME LIBRAIRIE

LES REPAS

Conférences à des Religieuses.

1 vol. in-18 de XVI-123 p. — Prix : 1 fr.

Cette matière si importante et si délicate des *Repas* n'a jamais été traitée avec les développements théoriques et pratiques que l'on trouve dans ces Conférences.

La première Conférence, toute philosophique, traite des repas en général. Pourquoi Dieu a-t-il fait de la nourriture une condition de notre existence? L'auteur a sur ce sujet des aperçus très élevés, et l'on comprend, en le lisant, toute la noblesse d'un acte que l'on regarde ordinairement comme un acte vulgaire.

La deuxième Conférence expose les règles générales que l'on doit suivre dans les repas.

La troisième et la quatrième Conférence expliquent les règles particulières données par saint Ignace et saint Vincent Ferrier pour faire de ces actes de tous les jours autant d'actes saints et méritoires.

Cette lecture est aussi utile aux personnes du monde qu'aux religieux, parce que tous ont besoin de savoir comment satisfaire à la fois la nature et la grâce ; ne rien retrancher au corps de ce qui lui est nécessaire et cependant pratiquer la tempérance et même la mortification. En suivant les règles que l'auteur a empruntées aux Saints, ils ne risquent pas de se tromper.

Le saint Rosaire de la très sainte Vierge, par le R. P. Thomas ESSER, O. P., traduit de l'allemand par Mgr Amédée Curé. 1 beau vol. in-8° cavalier de 662 p. Paris et Lyon, Delhomme et Briguet, 1894. — Prix : 6 fr.; *franco* par la poste, 6 fr. 90.

La traduction de cet ouvrage a été honorée d'une lettre de remerciements du Rme Père Général de l'Ordre des Frères Prêcheurs, et d'une lettre de félicitations écrite au nom du Saint-Père par Son Em. le Cardinal Rampolla.

LA CLASSE

LA CLASSE

CONFÉRENCES A DES RELIGIEUSES INSTITUTRICES

SUR LA MANIÈRE

d'instruire et d'élever les enfants,

PAR

Mgr Amédée CURÉ

ANCIEN AUMÔNIER DE M. LE COMTE DE CHAMBORD
CAMÉRIER D'HONNEUR DE S. S. LÉON XIII
CHANOINE HONORAIRE DE CHALONS (MARNE)

BAR-LE-DUC

IMPRIMERIE-LIBRAIRIE DE L'ŒUVRE DE SAINT-PAUL
36, rue de la Banque, 36

IMPRIMATUR

Virduni, die 21 Julii 1899.

LIZET, *vic. gen.*

LA CLASSE

Première Conférence.

LA CLASSE AU POINT DE VUE CHRÉTIEN

Après la méditation du matin, après la sainte messe, la sainte communion peut-être, vous êtes comme Moïse descendant de la montagne et portant sur son front le reflet de la lumière divine. Partout où vous irez, on devra remarquer en vous ce cachet surnaturel qu'a imprimé sur vos traits le tête-à-tête auguste que vous venez d'avoir avec le Très-Haut ; on devra voir que vous n'êtes pas des femmes ordinaires, mais des religieuses, c'est-à-dire des âmes consacrées à Dieu, des épouses de Jésus-Christ, à qui rien par conséquent ne peut être plus à cœur que les intérêts de la gloire de Dieu et le bien des âmes qu'il a rachetées de son sang.

Où et comment manifesterez-vous ces sentiments qui vous seront habituels? Partout où vous aurez affaire, mais surtout dans ce qui doit être votre occupation principale, dans l'enseignement et l'éducation des enfants.

L'éducation se fait un peu partout, en classe, en récréation, en promenade, à l'étude, au réfectoire, au dortoir; l'enseignement se donne surtout en classe. Et c'est aussi la classe qui suit presque immédiatement les exercices de piété du matin. Parlons donc d'abord de *la classe.*

Vous allez en classe comme maîtresses chargées d'instruire les enfants qui vous sont confiées ; mais vous y allez surtout comme *sœurs* ou *religieuses* enseignantes, c'est-à-dire comme représentant le Dieu des sciences qui vous délègue pour enseigner à sa place : *Deus scientiarum Dominus est,* et qui vous investit du soin de le faire connaître et de le faire aimer avant tout, parce que c'est là le premier besoin et le premier devoir de l'homme. Comme maîtresses ordinaires, vous devez faire la classe consciencieusement, de manière que vos élèves profitent bien de tout ce que vous avez à leur enseigner. Comme maîtresses chrétiennes ou religieuses, vous devez surtout imprimer un cachet chrétien ou religieux à tout ce que vous leur dites et à tout ce que vous faites chaque jour devant elles, car c'est là ce qui distingue l'enseignement religieux de l'enseignement laïque ; c'est pour cela qu'on construit des écoles libres, souvent à si grands frais, pour que les enfants soient élevés non seulement dans la connaissance des sciences humaines, utiles à cette vie qui passe, mais surtout dans la connaissance des sciences divines, nécessaires à l'obtention de la vie éternelle. Si votre enseignement n'était pas tout imprégné de l'esprit religieux, il ne servirait de rien de vous faire venir de préférence à des maitres ou à des maitresses laïques qui peuvent, aussi bien que vous, donner l'enseignement élémentaire, secondaire et même supérieur.

C'est donc surtout comme maitresses chrétiennes ou religieuses, que vous devez vous envisager vous-mêmes en classe, car c'est ainsi que tout le monde vous envisage, et dès lors c'est de vos devoirs en cette qualité qu'il faut avant tout vous entretenir.

La classe, telle surtout que la font les règlements modernes, n'est pas un cours exclusif de religion ; au contraire, il y a relativement peu de temps réservé à la religion, dans les pays mêmes où cet enseignement est obligatoire, comme en Allemagne et en Autriche; et en d'autres, où cet enseignement est proscrit pendant le temps des classes, comme chez nous en France, il n'y en a pas du tout. Néanmoins, dans les uns comme dans les autres, il faut que la religion soit la base de votre enseignement, par cela même que vous êtes religieuses, et que cette religion soit l'âme de tout ce que vous faites et de tout ce que vous dites en classe, comme partout où vous êtes avec vos élèves. Sans doute, il n'est pas toujours facile de faire intervenir la religion dans l'enseignement de l'*a b c*, ou dans les règles de la grammaire, ou dans les opérations de l'arithmétique ; mais néanmoins il faut qu'elle y soit, sinon visible, au moins présente, quoique discrètement retirée à l'écart. Si elle n'y était plus, votre enseignement perdrait son mérite principal, et vous-mêmes vous perdriez votre caractère sacré, ou du moins vous le laisseriez éclipser, au grand détriment de vos élèves et de la gloire de Dieu.

Mais comment la religion peut-elle intervenir dans vos classes, au point de former la base de votre enseignement, et d'être l'âme de tout ce que vous faites et de tout ce que vous dites ?

Je vois surtout pour cela trois moyens : 1° la *prière,* que vous faites avec vos élèves, avant, pendant et après vos classes, et que vous faites encore plus en particulier, lorsque vous avez besoin d'un secours particulier de Dieu ; 2° la *parole,* par laquelle ou bien vous enseignez directement les vérités de la foi, ou bien vous profitez de toutes les circonstances pour rappeler ce qui peut porter les âmes vers Dieu et les animer à la pratique de la vertu, et à la fuite et à la détestation du mal ; 3° enfin l'*exemple,* par lequel vous faites voir en vous-mêmes les vertus que les enfants doivent pratiquer, et la manière dont elles doivent servir le Dieu que vous leur prêchez, et qui vous a installées auprès d'elles comme ses représentantes.

Avec ces trois moyens, votre enseignement, même quand il ne roulerait que sur les choses les plus arides ou les plus élémentaires, sera toujours religieux, et il fera toujours une impression salutaire sur les âmes. En sortant de classe, il faut toujours que vos élèves soient meilleures qu'en entrant, plus portées au bien, plus éloignées du mal, plus remplies de la pensée de Dieu, de son amour et du désir de lui plaire.

I. — La prière.

I. Avant la classe. — 1° *Nécessité a)* pour vous, et *b)* pour vos enfants.

a) Pour vous, afin d'avoir en enseignant les dispositions convenables : esprit de foi qui voie en vos enfants les enfants de Dieu, les frères et sœurs de Jésus-Christ, les héritiers du ciel, dévouement, patience, douceur, prudence, fermeté ; afin aussi de recevoir au moment opportun les lumières, pensées, sentiments, paroles dont vous avez besoin pour leur faire du bien.

b) Pour vos enfants, afin qu'elles soient plus recueillies, plus attentives, plus portées à la docilité et au respect, plus remplies de bonne volonté, et aussi afin que leurs occupations, étant offertes à Dieu, soient méritoires pour le ciel, et qu'ainsi elles amassent des trésors pour l'autre vie, rien que par l'attention avec laquelle elles vous écouteront.

Si nous devons prier au commencement de chacune de nos principales actions, comme le dit le catéchisme, il va sans dire que ce sera surtout au commencement des classes, puisque 1° ces classes occupent une grande partie de la journée des maîtresses et des enfants ; 2° puisqu'elles peuvent être la cause, ou au moins l'occasion de beaucoup de bien ou de beaucoup de mal, selon la manière dont elles seront faites par les maîtresses et suivies par les élèves.

2° *Manière* de faire ces prières :

a) A genoux, posture respectueuse, mains jointes ;

b) Signe de croix bien fait (en donner l'exemple et veiller sur la manière dont les enfants le font) ;

c) Participation de tous les enfants à la prière, au moins dans la partie où tous doivent répondre ; que personne ne reste à l'écart, la bouche muette et l'esprit occupé d'autres choses : pour cela, les regarder de temps en temps ; le reste du temps avoir soi-même les yeux baissés, l'air recueilli, pour donner l'exemple.

II. Pendant la classe. — 1° *Prières des heures* ; usage louable qui existe dans beaucoup d'endroits. A chaque heure qui sonne, prière ou oraison jaculatoire spéciale. Cela interrompt heureusement la monotonie ou l'aridité de la classe, et cela reporte l'esprit des maitresses et des élèves en même temps vers Dieu, chose utile également aux unes et aux autres. Ne pas manquer de faire ces prières, là où cela est possible, surtout ne pas craindre de le faire, car il y en a qui y éprouvent une certaine gêne, par suite de respect humain, c'est-à-dire d'une sotte vanité qu'elles ne s'avouent pas et qui leur fait craindre de passer pour trop dévotes aux yeux de leurs élèves. Y habituer si bien les enfants que, si l'on oubliait de faire ces prières au moment voulu, les enfants elles-mêmes le rappellent à leurs maitresses, comme souvent, dans les familles, les petits enfants qu'on veut mettre au lit avant qu'ils n'aient fait leurs prières, réclament auprès de leur mère ou de leur bonne pour qu'on les leur fasse faire auparavant. Ainsi les enfants qu'on a dressés dans leur jeune âge à la prière, n'oublient plus jamais de la faire, tant ils en ont contracté l'habitude.

2° *Autres prières* ou oraisons jaculatoires en dehors des heures. Souvent cela est possible, surtout pendant le travail manuel; on peut réciter une dizaine de chapelet, ou même le chapelet tout entier, en énonçant les différents mystères à méditer, pendant que les doigts manient l'aiguille ou le crochet. Il n'est pas nécessaire pour gagner les indulgences que chacune tienne son chapelet à la main, il suffit qu'une seule, maîtresse ou élève, le tienne et qu'il soit dit en commun.

3° *Prières particulières de la maîtresse*, lorsqu'elle a besoin d'un secours particulier, d'une grâce de lumière ou de force pour faire ou pour dire quelque chose qui lui coûte, ou qu'elle ne sait comment dire ou comment faire. C'est surtout lorsqu'elle a affaire à quelques enfants difficiles, ou bien qu'elle doit gronder, avertir ou punir soit une, soit plusieurs de ses élèves, soit même la généralité. Il faut alors qu'elle soit bien maîtresse d'elle-même, qu'elle ne parle pas trop, ni trop vite, qu'elle réfléchisse plutôt deux fois qu'une à ce qu'elle doit faire ou à ce qu'elle doit dire ; et pour cela, il faut aussi qu'elle demande à Dieu sa lumière par une prière intérieure, rapide, mais fervente et pleine de foi. Dieu lui donnera toujours les grâces dont elle a besoin, si elle les demande comme il faut, avec humilité, confiance et persévérance. Si au contraire elle se fiait trop à elle-même, ou si elle suivait uniquement l'impulsion de la nature, elle ferait souvent beaucoup plus de mal que de bien ; il suffit d'un mot imprudent ou irréfléchi, pour éloigner à jamais une âme de sa maîtresse et peut-être même de Dieu. Et alors rien ne peut plus réparer ce mal, qu'une courte prière aurait prévenu.

III. Après la classe. — 1° Prière pour *rendre grâces* à Dieu de ce que l'on a fait ou appris pendant ce temps, et pour demander la grâce non seulement de ne pas l'oublier, mais d'en profiter.

2° Courte parole d'*exhortation* ou avis, s'il y a lieu, sur ce que les enfants doivent faire, soit à la maison, soit en classe le lendemain, soit, en général, sur la manière de se conduire ; récapituler, ou au moins toucher quelque chose de ce qui leur a été dit et qui mérite le plus leur attention. Faire, comme à la fin de la méditation, un bouquet spirituel de quelque pensée ou de quelque parole saillante, empruntée à la sainte Ecriture ou aux saints, qui puisse occuper utilement leur esprit et leur cœur, et qu'elles puissent redire à leurs parents, à qui cela ne sera pas moins utile qu'à elles-mêmes. — Voilà pour la prière.

II. — La parole.

I. Enseignement direct des vérités de la foi. — L'enseignement religieux étant le premier en importance et en dignité, les supérieures feront en sorte qu'il soit toujours donné avec tous les soins qui peuvent en assurer pour les élèves l'intérêt et le bon résultat. Les maîtresses s'attacheront à bien faire connaître les principes et les preuves de la religion à leurs élèves, surtout à leur en faire bien goûter et pratiquer les maximes. Dans cette vue les principaux devoirs seront toujours présentés comme doux, raisonnables, justes et pleins de consolation.

1° *L'enseignement religieux est régulièrement donné par les prêtres*, curés, vicaires, catéchistes. Il faut

a) *Y préparer les enfants* en leur faisant bien apprendre par cœur la lettre du catéchisme, et en leur expliquant pour cela les mots qu'elles ne comprendraient pas, afin qu'elles ne récitent pas comme des automates, sans comprendre ;

b) *Y bien écouter les explications du catéchiste*, afin de pouvoir les reproduire et les faire répéter exactement par les enfants ;

c) *S'il y a quelque difficulté* par laquelle on soit arrêté soi-même, et pour laquelle on craigne de ne pouvoir pas répondre aux interrogations que pourraient faire les élèves, la soumettre au catéchiste, soit pendant l'heure d'instruction religieuse, soit en particulier, avant ou après, et s'assurer que l'on a une idée juste et une connaissance exacte de ce que l'Eglise enseigne sur chaque sujet, car on ne doit pas se hasarder à donner aux enfants des explications qui pourraient être erronées : en matière de foi, la moindre erreur, même involontaire, est toujours pleine de dangers.

d) Après l'explication, quand on fait la répétition de ce qu'a dit le catéchiste, s'attacher à faire bien pénétrer dans les esprits les vérités religieuses expliquées ; et pour cela, tenir compte, non seulement des enfants qui ont l'intelligence ouverte et prompte, et qui saisissent du premier coup tout ce qu'on leur dit, mais encore et surtout des intelligences plus lentes et moins heureuses, auxquelles il faut souvent répéter la même vérité, sous bien des formes différentes, avant qu'elles ne la comprennent. On peut pour cela faire expliquer d'abord par les plus intelligentes, non pas seulement par une, mais par plusieurs, et puis, si on le peut, même par les plus stupides : si celles-là comprennent, tout le monde comprendra, et il est juste aussi que même ces pauvres natures arriérées ne soient pas privées de la connaissance des choses divines, qui est indispensable pour bien vivre et pour aller au ciel.

2° *Lorsqu'il n'y a pas de prêtre* pour donner l'enseignement religieux, ou bien qu'il ne le fait que rarement, ou seulement à l'église et non en classe, les maîtresses doivent y suppléer, en expliquant le catéchisme de leur mieux. Comme elles n'ont pas fait de théologie, elles ne doivent pas se lancer dans des questions trop relevées ou trop difficiles, où elles courraient risque de faire plus d'un faux pas, ou bien de ne pas savoir se faire comprendre ; elles doivent se borner à l'explication des vérités nécessaires, et, en général, seulement de tout ce qu'elles savent pertinemment, suivant pour l'ordinaire le texte même du catéchisme qu'elles font apprendre à leurs élèves.

Mais c'est aussi un devoir pour elles de s'instruire à fond, autant que possible, de tout ce qui touche à la religion, et de tout ce qu'elles peuvent avoir à expliquer à leurs enfants, si celles-ci les interrogent ; car il est remarquable que même des enfants très jeunes, quand elles réfléchissent un peu sur ce qu'on leur a enseigné dans la religion, ne veulent pas s'arrêter sans avoir été jusqu'au bout de ce que l'on peut savoir. Elles font toujours de nouvelles questions, elles voient surgir de nouvelles difficultés, et si l'on n'est pas très ferré sur la matière, on sera souvent obligé d'avouer son ignorance. Il est donc bon de s'instruire à fond, en lisant attentivement des livres qui mettent les vérités religieuses à la portée des gens du monde, et en s'en pénétrant assez pour pouvoir en donner la substance à ses élèves, toutes les fois qu'elles font une question sur la religion [1].

Mais quand même on aurait lu et étudié beaucoup, si réellement on ne sait pas résoudre les difficultés proposées par les élèves, il vaut mieux avouer son ignorance et les renvoyer au prêtre, qui doit en savoir davantage, que de se lancer dans des explications hasardées ou confuses qui pourraient ou altérer la pureté de la foi, ou troubler les idées des enfants. Dans ce cas-là, un acte d'humilité ne fait jamais de mal, ni à la maitresse ni aux enfants.

II. Enseignement indirect de la religion par les *réflexions* que l'on a lieu de faire en toutes sortes de circonstances.

[1] Consulter Capecelatro, *Exposition de la doctrine catholique*, 2 vol. in-8, 8 fr., Lethielleux, Paris ; — Grosse, *Cours de religion*, 7 vol. in-8, 34 fr., Vivès, Paris ; — P. Wilmers, *Principes de la doctrine catholique*, 1 vol. in-8, 7 fr. 50, Mame, Tours.

1° Quand on est bien pénétré de cette vérité, que la maîtresse chrétienne, et surtout religieuse, doit profiter de toutes les circonstances pour faire du bien à ses enfants, pour les porter à Dieu, leur faire aimer le bien et détester le mal, il est certain *qu'on rencontrera, même en faisant la classe, une foule d'occasions où on pourra leur dire un mot utile à leur âme.*

Représentez-vous seulement un saint ou une sainte à votre place. Ne pensez-vous pas qu'il lui serait difficile, pour ne pas dire impossible, de laisser passer deux ou trois heures de suite, sans avoir su trouver l'occasion de dire un mot de Dieu? Rappelez-vous saint Ignace, lorsqu'il étudiait la grammaire latine, après sa conversion. En conjuguant le verbe « aimer », il faisait l'application de ce mot à lui-même et à Dieu, et cela lui causait de tels transports d'amour qu'il en était presque ravi en extase. « J'aime Dieu. Tu m'aimes, ô mon Dieu. Il m'aime. Nous l'aimons ; non, nous ne l'aimons pas assez. Vous l'aimez ; non, pauvres pécheurs, vous ne l'aimez pas. Ils l'aiment : les anges et les saints l'aiment infiniment et éternellement. Oh ! quand est-ce que je pourrai leur ressembler ! » En conjuguant ainsi le verbe d'un bout à l'autre, il est sûr qu'il faudra beaucoup plus de temps, mais qu'est-ce qui empêche de s'y arrêter, non pas à chaque personne, ni à chaque temps, ni à chaque mode, mais assez pour qu'à l'idée purement matérielle du mot on joigne l'idée spirituelle de la chose, et qu'en même temps on la rapporte à Dieu ? — Rappelez-vous saint Stanislas de Kostka à qui l'on demandait s'il aimait beaucoup la sainte Vierge : « Si je l'aime ! Mais elle est ma mère ! » Pensez-vous qu'il aurait pu passer tout un jour à faire la classe, sans dire un mot de sa céleste Mère ? C'est du reste une tradition chez les PP. Jésuites de saisir toutes les occasions possibles pour faire aimer Marie, et pour cela, d'en parler non seulement en chaire, à la chapelle, au confessionnal, dans les entretiens privés, mais même en classe, dans cette classe où ils expliquent Virgile, Homère et Horace, où ils font des mathématiques, de la grammaire, de l'histoire, de la littérature ou de la philosophie. « Que vous ont donc appris les Jésuites ? » demandait un mauvais plaisant à un de leurs anciens élèves, qui paraissait avoir tiré un mince profit de leurs leçons. « Les Jésuites, répondit-il d'un ton pénétré, ils m'ont appris à aimer la sainte Vierge [1]. »

Un autre apôtre des enfants du peuple, saint Joseph Calasanz, fondateur des Ecoles pies de la Mère de Dieu, commençait toujours par faire réciter à ses élèves une partie du petit office de la sainte Vierge, et ne les renvoyait le soir qu'après leur avoir fait réciter encore ses litanies, afin d'envelopper, en quelque sorte, son enseignement de chaque jour dans la prière à Marie et de l'embaumer de son amour. Le fondateur des Petits Frères de Marie recommandait à ses disciples d'inspirer à leurs élèves son ardent amour pour Marie. « Faites-la-leur aimer partout », disait-il dans son testament. « Si vous avez le bonheur de faire pénétrer la dévotion à Marie dans l'âme de vos enfants, vous les avez sauvés [2]. »

Comment nous, mes chères Sœurs, qui ne sommes pas moins dévoués à Marie, n'essayerions-nous pas d'en faire autant ?

[1] Gautier de Coinsy, cité par le R. P. Ragey, mariste, *Bulletin Salésien*, nov. 1889, p. 162.
[2] *Ibid.*, p. 163.

Et ce que nous disons de l'amour de Dieu, de l'amour de Marie, n'est-il pas vrai aussi de tout ce qui se rapporte au monde surnaturel, à notre âme, au ciel, au purgatoire et à l'enfer, à saint Joseph, aux saints anges, aux bienheureux du ciel et encore aux moyens qui y conduisent? Qui sait ce que produira dans l'âme d'un enfant un simple mot, une réflexion sur le ciel, qui dure toujours, ou sur l'enfer, dont le feu ne s'éteint jamais?

Une parole que vous pouvez dire à vos enfants pendant la classe, presque sans y penser, laissera peut-être dans leur esprit des traces qui ne s'effaceront jamais [1]. Cela ne vaut-il pas la peine de tenter l'épreuve?

[1] Je me rappelle un jour où notre professeur de rhétorique nous parlait, je ne sais plus à quel propos, de la prédestination et de la damnation. Son explication donnée, il s'arrêta pour dire : « Qui sait s'il n'y en aura pas de damnés parmi nous? Y en aura-t-il? Qui sera-ce? » Puis, comme j'étais le plus près de la chaire et le plus jeune de la classe, il s'adressa à moi : « Sera-ce vous? » me demanda-t-il. Cette question me fit froid dans tous les membres, et comme je n'osais pas répondre, un de mes amis répondit pour moi, à mon grand soulagement : « Oh! non, ce ne sera pas lui, j'en réponds! » Et il me semblait, en entendant cette parole, que c'était Dieu lui-même qui l'inspirait ou qui la ratifiait. J'étais consolé et un peu rassuré! Mais quelle émotion, et comme elle dura longtemps encore après la classe!

2° *Notez que vous pouvez dire de ces paroles à propos de tout,* de grammaire, d'arithmétique, de lecture, d'écriture, mais surtout de littérature ou d'histoire. Cela vous viendra juste au moment où il le faudra, si 1° vous êtes pleines de la pensée de Dieu, si 2° vous avez demandé à Dieu de vous inspirer ce qu'il faut dire d'utile à vos enfants. Vous pouvez sans doute préméditer d'avance les réflexions que vous voulez faire sur votre leçon du jour, mais elles auront plus de saveur et elles feront plus d'effet, si elles vous sont données juste au moment de les dire. Vous en serez quelquefois surprises vous-mêmes ; vous n'y auriez pas songé en toute autre circonstance. Tout à coup la pensée vous en est venue, sans que vous sachiez comment. C'est Dieu qui vous l'inspirait ; si vous êtes fidèles, il vous inspirera encore d'autres fois, toutes les fois que vous en aurez besoin.

8° Dans ces réflexions, il faut seulement *prendre garde à deux écueils* opposés : l'écueil du *respect humain* et celui de l'*indiscrétion.*

a) Le *respect humain* vous empêchera de parler, lors même que vous verriez qu'une réflexion qui vous vient à point, ferait beauçoup de bien. Vous aurez peur que vos élèves ne trouvent que vous parlez trop de Dieu, que c'est ennuyeux, que c'est *fade*. Le fait est que si vous tenez plus à la bonne opinion de vos élèves qu'au bon plaisir de Dieu, vous n'oserez pas leur dire ce qui vous ferait baisser dans leur estime ou dans leur affection. Mais si vous tenez plus à Dieu qu'à elles, vous ne vous laisserez pas arrêter par cette considération. Songez donc que vous êtes leurs maitresses et que vous leur parlez au nom de Dieu, par conséquent ne craignez pas ce qu'elles pourront dire ou penser de vous, ne vous faites pas leurs esclaves, acquittez-vous de votre devoir tel que Dieu vous le montre, sans songer à autre chose qu'à Le contenter.

b) L'autre écueil serait celui de l'*indiscrétion*, si vous alliez toujours, à propos de tout et à propos de rien, parler de Dieu ou des choses saintes et faire de longs sermons que personne n'écouterait qu'en bâillant. Evidemment cela serait non seulement du temps perdu, mais encore un danger, parce que vous feriez prendre en aversion la piété et la religion. Il faut donc savoir choisir le moment de parler et savoir vous arrêter à temps : rien de trop et rien hors de propos. Pour cela il faut que vous soyez toujours fidèles à l'action de la grâce, que vous ne parliez et que vous n'agissiez que sous l'influence divine. Quand c'est Dieu qui vous inspire, parlez, cela fera du bien ; quand c'est votre propre esprit, prenez garde, vous pourriez faire plus de mal que de bien. — Je ne parle pas des explications que vous avez à donner pour vous acquitter de votre charge : pour cela vous avez grâce d'état, et puis c'est le devoir du moment, on s'y attend, on n'en sera pas surpris. Je parle des réflexions qui ne se rattachent pas nécessairement au sujet que vous traitez. Si vous les avez préparées d'avance en vous réjouissant de l'effet qu'elles pourront produire, votre vanité sera peut-être cruellement déçue ; si, au contraire, vous ne les faites que parce que vous croyez que Dieu le veut, sans prétendre à aucun succès personnel et même avec la pensée que cela peut vous rendre désagréables à plusieurs, il y a tout lieu d'espérer que cela fera du bien, même à celles à qui vous craindrez d'être désagréables.

Oubliez-vous, ne pensez qu'à Dieu, c'est le

moyen de naviguer entre ces deux écueils qui vous menacent : le respect humain qui vous ferait taire de peur de vous compromettre, et l'indiscrétion qui vous ferait parler au risque de compromettre les intérêts de Dieu et des âmes.

III. — L'exemple.

« *Inspice et fac secundum exemplar quod tibi in monte monstratum est.* Regardez et faites selon le modèle qui vous a été montré sur la montagne. » *Ce que Notre-Seigneur est en grand pour nous tous,* le modèle parfait sur lequel il faut se former, *la maîtresse religieuse l'est en petit pour ses élèves ;* c'est sur elle qu'elles se régleront, elles ne croiront pas devoir chercher un autre modèle : d'abord, parce qu'elles la croient parfaite, en vertu même de sa vocation et de ses fonctions ; ensuite, parce qu'elles l'ont plus souvent sous les yeux que toute autre, et qu'ainsi, même à leur insu, elles s'habituent à l'imiter. Ce que les païens disaient d'un souverain :

Regis ad exemplar totus componitur orbis,
Sur l'exemple du roi tout le monde se règle ;

est vrai en grande partie de la maîtresse dans sa classe, car elle aussi est une souveraine : elle règne, parce qu'elle a le droit et l'habitude de commander, et parce que ses élèves sont habituées à la respecter et à lui obéir. Donc c'est sur son exemple que se formera tout le petit peuple qu'elle a à conduire. Sa parole peut beaucoup, mais son exemple peut bien davantage encore.

S'il y avait opposition entre l'enseignement et la conduite de la maîtresse, ce ne serait pas l'enseignement qui l'emporterait mais bien la conduite. Elle aurait beau dire : Faites ce que je dis et non pas ce que je fais, on s'obstinerait à faire ce qu'elle fait plutôt que ce qu'elle dit.

Il est donc souverainement important pour une maîtresse de NE PAS DONNER DE MAUVAIS EXEMPLES EN CLASSE A SES ÉLÈVES, et c'est un devoir pour elle d'EN DONNER DE BONS pour leur montrer ce qu'elles doivent faire et ce qu'elles doivent éviter.

I. — Il est très important qu'une maîtresse *ne donne que de bons exemples,* car si elle en donnait de mauvais, il est sûr que ses élèves l'imiteraient. Ainsi une maîtresse ne doit pas donner l'exemple

1° *De la colère,* même quand il faut gronder ou punir ; elle ne doit pas frapper du pied, jeter des livres ou des cahiers avec violence, élever la voix jusqu'à crier contre ses élèves, les frapper surtout ;

2° *De la mauvaise humeur,* trouvant à redire à tout, grondant, punissant, tempêtant à propos de rien, ne pouvant pas supporter la moindre observation, la moindre question, ni la moindre objection, s'attachant à faire sentir à tout le monde qu'on est mécontent, soit parce qu'on a été blessé, soit parce qu'on a d'autres sujets d'ennuis : ce ne sont pas vos élèves qui doivent supporter le poids de votre mécontentement. Soyez d'humeur toujours égale et toujours bienveillante ;

3° *De la susceptibilité, de la jalousie, de la vanité,* cela fait très mauvaise impression sur les enfants ;

4° *De la fausseté, de la dissimulation, du mensonge* surtout ; une maîtresse que ses élèves auraient surprise en flagrant délit de mensonge, serait perdue de réputation à leurs yeux ; si elle en est seulement soupçonnée avec quelque raison, c'est assez pour lui enlever toute autorité ; le respect ne peut pas subsister avec ce vice.

5° *De la curiosité* qui s'informe de tout et qui veut tout savoir, soit en interrogeant, en pressant de questions, même pour des choses qu'on n'a pas de raison do vouloir connaître, soit en espionnant, en exerçant une surveillance qui saute aux yeux et qui blesse la dignité des enfants, soit en se faisant rapporter par d'autres ce que telle ou telle a fait ou dit, et en basant sur ces rapports, souvent faux ou exagérés, ses jugements et sa conduite, tandis que d'après le proverbe « Qui n'entend qu'une cloche n'entend qu'un son », et cet autre « On ne condamne pas un accusé sans l'entendre », on devrait au moins suspendre son jugement jusqu'à ce qu'on ait recueilli de différents côtés assez de témoignages certains pour savoir la vérité, et que d'autre part on doit bien se garder d'encourager la *délation*, à laquelle les enfants ne sont déjà que trop portés par nature, et on ne doit accepter les accusations et les rapports que lorsqu'il s'agit d'une chose grave, qui importe au bien des âmes ou à l'honneur de Dieu, et pour laquelle la conscience fait un devoir de ne pas garder le silence. *Si les maîtresses détournaient leurs élèves de s'accuser les unes les autres,* excepté quand il y a obligation de conscience de le faire, elles préviendraient bien des inconvénients et bien des péchés, péchés contre la vérité, péchés contre la charité et contre la justice, avec toutes les haines et les ressentiments qui en sont la suite.

Mais pour cela, il faut qu'elles répriment leur désir de tout savoir, et qu'elles ne cherchent à savoir le mal que dans l'intention d'y remédier, et non pas dans l'intention de satisfaire leur curiosité.

6° Naturellement je ne parle pas d'autres mauvais exemples que je ne suppose pas possibles parmi vous ; par exemple, des paroles un peu libres, des récits dangereux propres à enflammer l'imagination ou à troubler les sens, des paroles d'imprécations, des serments inutiles et vains. Je ne parle pas non plus des détractions, médisances ou calomnies sur le compte des unes et des autres, soit de vos élèves, soit des personnes du monde, soit des parents de vos élèves, soit même de vos sœurs que vous n'aimez pas, ou de votre supérieure, ou des ecclésiastiques, qui sont connus des enfants : toutes les fois que vous donneriez un de ces exemples, vous feriez un mal incalculable et probablement irréparable.

II. — Mais ce n'est pas assez de ne pas donner de mauvais exemples, il faut aussi en donner de bons, sur lesquels vos élèves puissent se régler.

1° *Dans vos rapports avec Dieu* : profond respect dans la prière, recueillement et humilité extérieure, ne prononcer jamais le nom de Dieu en vain ni dans l'impatience, mais toujours comme une prière et avec des sentiments de vénération et d'adoration ; de même les saints noms de Jésus et de Marie. Crainte et amour de Dieu visibles en tout.

2° *Dans vos rapports avec le prochain,* avec vos élèves surtout : charité, bienveillance inaltérable et constante égalité d'humeur. Il n'y a rien qui fasse une si bonne impression que de voir quelqu'un qui est toujours maître de soi, toujours le même, toujours bon, toujours prêt à obliger, toujours bienveillant et affectueux.

3° *Dans vos rapports avec vous-mêmes.*

a) Beaucoup de *dignité*, de réserve et de modestie, observation des règles de la civilité, bonnes manières. *b*) Beaucoup de *franchise*, de *confiance* et d'abandon ; amour suprême de la vérité en vous et dans les autres, avoir toujours l'air de croire à la sincérité des autres, et y croire en effet tant qu'on n'a pas eu la preuve du contraire. Cette confiance que l'on témoigne aux enfants, les flatte et les porte à vouloir toujours la mériter; de plus, elle est commandée par la charité. La défiance, au contraire, surtout quand elle est par trop visible, les indispose et les irrite. *c*) *Grande délicatesse de conscience pour tout ce qui touche à la belle vertu;* jamais un mot hasardé, ni un regard libre, ni une manière peu convenable ; cela fait comprendre aux enfants le prix de cette vertu céleste, et si elles l'avaient déjà perdue, leur inspire le regret de ne plus l'avoir et le désir de la recouvrer. En un mot, comme dit le Pontifical romain, en parlant des jeunes clercs — cela peut s'appliquer aussi bien aux religieuses : — *Nihil nisi grave, moderatum ac religione plenum;* Qu'il n'y ait rien en vous que de grave, de modéré, de plein de religion. Qu'on voie en vous une image de Dieu vivante et parlante : et même lorsque vous ne parlerez que de choses étrangères, vous porterez néanmoins à aimer Dieu ; et même lorsque vous ne direz rien du tout, votre extérieur seul parlera ; ce sera alors la prédication muette de saint François d'Assise et de son compagnon dans les rues de la ville. Vous ne pourrez pas faire un pas, ni ouvrir la bouche, ni même regarder une enfant, sans que cette enfant, et les autres par concomitance, ne se sentent rappelées au souvenir de Dieu, de l'âme et du ciel.

Quelle belle mission de « prêcher » ainsi dans tout ce que vous ferez et dans tout ce que vous direz aux enfants, mes chères Sœurs ! Ce sera la vôtre, si vous le voulez.

Deuxième Conférence.

LA CLASSE AU POINT DE VUE NATUREL OU HUMAIN

Votre premier devoir comme maîtresses religieuses, vous le savez, c'est de porter l'esprit et le cœur de vos élèves vers Dieu. C'est ce qui donne à vos écoles le caractère et même le nom d'écoles chrétiennes par excellence. Mais indépendamment de ce premier devoir, vous devez aussi, comme religieuses, vous appliquer à accomplir aussi parfaitement que possible tous les autres devoirs de l'éducation, de telle sorte que, par le seul fait que vous êtes religieuses, vous soyez les meilleures maîtresses de toutes. Vous devez cela à l'honneur de la religien que vous représentez, à l'honneur de votre congrégation qui doit se distinguer entre toutes par les soins donnés à l'éducation des enfants. Quels sont donc vos autres devoirs pour être des maîtresses modèles et pour faire la classe d'une manière parfaite ?

Afin de les apprendre, remarquez sur quoi porte l'attention des inspecteurs quand ils viennent visiter vos classes, et celle des gens du monde quand ils veulent juger, à leur point de vue purement naturel, de la valeur des différentes écoles où ils peuvent placer leurs enfants.

Les écoles qui passent pour les meilleures au point de vue naturel ou humain, sont celles où l'on fait le mieux apparaître d'un côté la *bienveillance*, l'*autorité* incontestée et la *compétence* des maîtresses, de l'autre l'*esprit de discipline*, l'*application* et les *fortes connaissances* des élèves. Ces deux caractères réunis font monter les écoles au plus haut degré dans l'estime et dans la considération publiques et souvent sont cause que même des parents incroyants et indifférents, pour ne pas dire hostiles à la religion, préfèrent des écoles religieuses ou chrétiennes aux écoles laïques, qui sont cependant plus dans leurs idées. Raison de plus, qui vous oblige à faire tous vos efforts pour placer vos écoles au premier rang, afin d'y attirer même des enfants qui sans cela seraient perdues.

I. — La classe du côté des maîtresses.

Que faut-il donc du côté des maîtresses pour placer leurs écoles au premier rang, simplement au point de vue purement naturel ?

I. Il faut d'abord que les maîtresses témoignent à leurs élèves une *affection réelle* et une *bienveillance constante* qui contraste heureusement avec l'indifférence dont les maîtresses séculières donnent souvent l'exemple vis-à-vis de celles de leurs élèves qui ne brillent point par l'intelligence ou par des qualités physiques ou morales exceptionnelles. Les gens du monde sont portés à aimer ce qui est naturellement aimable : un maître, une maîtresse séculière aimeront parmi leurs élèves ceux ou celles qui leur feront honneur par leur naissance, par leur position, par leur fortune, ou bien qui les charmeront par leurs qualités personnelles, les grâces d'un beau visage, la vivacité de l'intelligence, la noblesse et la générosité du cœur, ou des avantages physiques, ou la position sociale. D'autres seront négligés et peut-être pris en aversion à cause de leurs défauts, dont on ne verra que le côté choquant, sans songer au bonheur qu'il y aurait à les corriger pour les rendre dignes de leur titre et de leur haute destinée d'enfants de Dieu et d'héritiers du ciel.

La maîtresse religieuse, aimant *toutes* ses élèves par un principe surnaturel qui est le même pour toutes, saura se défendre de cette partialité funeste, aussi nuisible aux enfants préférées qui en deviennent orgueilleuses, qu'aux enfants délaissées qui en deviennent jalouses, irritées et mécontentes. Non seulement elle ne retire pas son affection et sa bienveillance aux enfants laides, inintelligentes, difficiles, mais elle leur donne une attention et des soins particuliers, parce qu'elles en ont plus besoin, semblable à Notre-Seigneur qui disait qu'Il n'était pas venu pour les justes, mais pour les pécheurs, parce que ce ne sont pas les bien portants, mais les malades qui ont besoin de médecin. Les enfants riches, intelligentes, belles, trouveront toujours assez de gens pour les aimer et pour les flatter; mais ces pauvres enfants, déshéritées de la nature et rejetées de la société, où trouveront-elles de l'affection, sinon dans le cœur d'une maîtresse religieuse qui voit en elles l'image de Notre-Seigneur et qui les aime à cause de Lui ?

Rien que cela fait déjà sentir la supériorité immense des maîtresses religieuses sur les maîtresses mondaines. Les premières peuvent aimer et aiment réellement toutes leurs enfants; les secondes n'aiment que celles qui leur plaisent ou dont elles ont quelque chose à attendre. Par conséquent, si les parents veulent que leurs enfants, surtout moins bien douées, ne soient pas négligées, ils les confieront de préférence à des maîtresses religieuses. Ce n'est pas que celles-ci veuillent exclure de leur affection les enfants qui seraient plus choyées ailleurs ; non, elles les aiment aussi, elles leur veulent le même bien qu'aux enfants pauvres et délaissées ; mais elles prennent soin que leur amour ne soit pas un amour purement naturel, qui n'aurait plus de mérite aux yeux de Dieu, ni un amour partial et excessif qui les rendrait injustes à l'égard des enfants moins aimées, et qui nuirait même aux enfants trop aimées, parce qu'il leur enlèverait à leur égard la fermeté et la clairvoyance nécessaires pour corriger leurs défauts.

Affection véritable et bienveillance constante pour toutes leurs élèves sans exception, voilà ce qui distingue les maîtresses religieuses des maîtresses mondaines, et ce qui leur donne une première supériorité sur elles. Rétrécissez leur cœur : elles ne seront plus religieuses que de nom ; élargissez-le : elles seront vraiment les représentantes de la charité universelle et infinie du Sauveur, et elles le feront bénir par tous ceux qui profiteront de ce qu'il y a de tendresse et de générosité naturelle et surnaturelle dans leur cœur de religieuses.

II. Une seconde qualité qui doit distinguer les maîtresses religieuses et les placer au-dessus des maîtresses séculières, c'est l'*autorité incontestée* dont elles jouissent sur leurs élèves. Là, il ne faut pas songer à des révoltes ou à des cabales, comme on en trouve souvent dans les écoles laïques ; les maîtresses religieuses ne permettraient pas qu'on leur manquât de respect, ni qu'on leur désobéît impunément, parce qu'elles savent qu'elles ont reçu en dépôt l'autorité de Dieu même et qu'elles sont obligées de la faire respecter en elles, quels que soient leurs propres défauts et leurs misères.

Ce respect de l'autorité, qu'elles exigent de la part de leurs élèves, elles sont les premières à en donner l'exemple. Non seulement elles respectent l'autorité dans leurs supérieures, à qui elles obéissent aveuglément, dans tout ce que celles-ci leur commandent, et cela au vu et au su de leurs élèves qui en sont édifiées, comme elles seraient scandalisées du contraire; non seulement elles respectent l'autorité dans leurs sœurs, qu'elles ne contredisent, ni ne blâment, ni n'accusent jamais en présence de leurs élèves, afin de ne pas diminuer le respect de celles-ci pour leurs maîtresses; mais elles respectent cette autorité jusque dans elles-mêmes, en ce sens qu'elles s'étudient à agir et à parler toujours comme il convient à des dépositaires de l'autorité divine, et qu'elles ne se permettent jamais rien qui pourrait rendre en elles cette autorité moins respectable aux yeux de leurs élèves. Pour cela il faut qu'elles sachent *a) se posséder, b) commander, c) gronder, d) punir.*

a) Une maîtresse religieuse doit savoir *se posséder*, c'est-à-dire rester toujours maîtresse de soi. Nous l'avons déjà dit : si elle se laisse emporter par la vivacité, par l'impatience, par la colère surtout, elle se déconsidère aux yeux de ses élèves, qui pourront la craindre encore et même l'aimer, mais qui l'estimeront moins et par suite la respecteront moins.

Si, au contraire, elle est toujours d'humeur égale, calme, digne, agissant toujours avec raison, sagesse et fermeté, elle prendra sur ses élèves un ascendant qui lui permettra d'en obtenir tout ce qu'elle voudra. De même qu'il faut éviter d'un côté les bizarreries, les vivacités et les inégalités d'humeur, qui déconsidéreraient une maîtresse à leurs yeux, de même il importe d'éviter d'un autre côté toute familiarité et toute liberté déplacées, qui la feraient descendre à leur niveau, et qui, peu à peu, l'asserviraient à leurs caprices. Qu'elle n'oublie pas qu'elle est obligée d'imposer le respect, par conséquent qu'elle ne doit rien faire ni rien dire qui ne soit respectable.

b) Une maîtresse chrétienne doit, en second lieu, savoir *commander*. Cet art de commander s'apprend par l'obéissance. Quand on s'est habitué à obéir à ses supérieurs comme à Dieu lui-même, et qu'au lieu de voir en eux la personne humaine plus ou moins défectueuse, on n'y voit que l'autorité divine toujours adorable, on a la disposition essentielle pour bien commander. En effet, ce qui donne à notre commandement de la force, c'est la persuasion où nous sommes que nous avons le droit et même le devoir de commander, et qu'on est obligé de nous obéir parce que Dieu lui-même en fait un devoir. Avec cette persuasion, nous commandons sans crainte et sans hésitation, lorsque nous sommes sûrs que ce que nous commandons est bien. Nous n'avons pas peur qu'on nous demande de quel droit nous commandons. On le sait et nous le savons aussi. Il ne viendra pas à l'esprit de nos élèves de prétendre qu'elles ne sont pas obligées de nous obéir ; elles savent le contraire ; par conséquent, si elles le font, elles se savent elles-mêmes coupables, et elles reconnaissent qu'elles doivent être punies, si on leur fait justice. Cette persuasion où nous sommes et où elles sont, nous donne une grande force sur elles ; elles ne peuvent pas lutter contre nous, parce qu'elles lutteraient contre Dieu. S'il leur arrive de vouloir faire la mauvaise tête, nous n'avons qu'à faire intervenir une autorité supérieure, ou simplement attendre qu'elles rentrent en elles-mêmes, elles sentiront alors d'elles-mêmes qu'elles doivent réparer leur faute et se soumettre. Nous n'aurons pas besoin, comme ces parents qui ne croient qu'à la force brutale, de crier, de tempêter, de frapper, de punir; non, la force morale du commandement dépasse de beaucoup la force physique et la violence. Nous savons qu'on doit nous obéir, non pas à nous personnellement, mais à Dieu en notre personne, et nous commandons avec calme, sans brusquerie, sans dureté, sans violence, mais avec une constance qui ne se dément pas, et une énergie que la résistance possible augmente encore au lieu de l'affaiblir. Dans ces conditions, neuf fois sur dix, le commandement emportera l'obéissance, et nous aurons habitué l'enfant à soumettre sa volonté à une volonté supérieure, ce qui est pour lui un résultat inappréciable pour toute la conduite de sa vie.

c) Savoir commander ne suffit pas pour maintenir son autorité sur les enfants. Très souvent elles font des choses répréhensibles, il faut savoir alors les *gronder*. Il faut d'abord mesurer ses reproches à la grandeur de la faute, ne pas gronder fortement pour un enfantillage ou une légèreté, mais bien pour un acte d'insubordination réfléchi ou de malice, ou pour une faute qui a scandalisé.

Il faut aussi éviter deux choses. D'abord, de se montrer trop exigeante ou trop difficile à satisfaire, soit pour le travail de classe, soit pour la conduite. Si l'on n'est jamais content, si l'on trouve toujours à gronder et à se plaindre, cela décourage les enfants ou cela les dépite : au lieu de faire plus d'efforts pour contenter leurs maîtresses, elles feront exprès de les contrarier et de se faire punir. Alors on aura créé dans la classe un courant de mauvais esprit, qu'il sera très difficile de faire disparaître. Tandis que si l'on s'était montrée bonne, indulgente pour les petites fautes, sachant tenir compte des plus légers efforts et de toute marque de bonne volonté, ne se croyant pas, comme certaines maîtresses, obligée d'être toujours mécontente, et toujours menaçante, on aurait dilaté le cœur des enfants, on leur aurait fait prendre goût à l'étude et à la classe, et on en aurait obtenu des résultats bien plus satisfaisants.

Il faut éviter, en second lieu, quand on doit gronder, d'employer des paroles dures, méprisantes ou blessantes, qui montreraient qu'on n'a pas d'affection pour l'élève coupable, mais qu'on satisfait, en la grondant, quelque passion de colère, de vengeance ou d'antipathie. Voici là-dessus quelques réflexions très sensées et très utiles, que j'ai lues jadis dans les statuts d'une congrégation enseignante :

« On doit éviter avec soin de froisser et d'irriter l'amour-propre d'une enfant, et d'humilier sa dignité, par exemple en la plaisantant sur quelque difformité naturelle, ou, s'il y a quelque tache dans la famille, en affectant de le faire sentir. De même, il ne convient pas de pousser à bout une enfant quand elle est en colère ; elle est capable, en cet état, de toutes les extravagances possibles. Qu'on la laisse se calmer, avant de lui faire des remontrances qui, sans cela, seraient inutiles. Jamais on ne doit se permettre de mots injurieux et grossiers. Que le langage de la maîtresse soit toujours poli et de bon ton.

« Qu'elle ne soit jamais dure ; qu'elle ne laisse pas longtemps une enfant, punie ou grondée, sous l'impression pénible produite par une juste sévérité; mais qu'elle relève son cœur par quelque bonne parole, et lui fasse comprendre qu'on ne cesse pas de l'aimer. Qu'elle ne se montre pas implacable, et qu'une faute réparée soit oubliée. »

d) La répression par des reproches ne suffit pas toujours pour tenir les enfants en bon ordre, il y a aussi à *punir* de temps en temps. Manier convenablement les punitions, n'est pas chose facile, comme disent encore les statuts que je viens de citer :

« En principe, punir le moins possible est le mieux. Rien ne rend une classe triste et maussade, comme d'y voir un trop grand nombre de pénitentes.

« On doit graduer les punitions, et n'employer pas tout de suite les plus fortes.

« Avertir d'abord, blâmer, adresser des reproches, selon le caractère de l'enfant et le degré de gravité de la faute ; enfin punir d'un air calme, froid et attristé. En général, avec les enfants, les punitions valent ce qu'on les fait valoir, et l'impression qu'elles produisent répond à l'idée que la maîtresse a su y attacher.

« Ne pas vouloir punir tout ce qui est à punir ; il est impossible de réformer simultanément tout ce qui a besoin de l'être. Voir attentivement quel est le point principal qu'il convient de poursuivre, et n'attaquer que celui-là. En punissant, il importe de faire attention au caractère de la faute : est-ce étourderie, simple espièglerie, ou mauvais esprit et obstination ? La conduite de la maîtresse doit différer évidemment selon le cas qui se présente. Il faut bien se garder de briser, par la violence, un caractère qui résiste.

« Il faut apprendre à le diriger, au lieu de le détruire, et savoir y mettre le temps nécessaire; c'est probablement celui qui, plus tard, donnera le plus de consolation.

« On doit être habituellement sévère, si l'on veut avoir peu à punir. La sévérité, c'est la raison ferme, juste et calme, exigeant le devoir, tout en s'alliant, dans une juste mesure, avec la bonté et les autres vertus.

« Il importe extrêmement de bien connaître la complexion des enfants. Le physique et le moral ont entre eux une telle connexion, qu'il faut souvent chercher dans le premier l'explication de l'état du second. Il y a des tempéraments qui sont incapables d'un travail sérieux; lymphatiques, énervés, faibles, ils peuvent à peine suivre le train général de la classe. Il serait déplacé de malmener de telles enfants qui, habituellement, n'ont pas conscience de leur état. Il est plus à propos de les encourager, de louer le peu qu'elles font. C'est le meilleur moyen d'en obtenir quelque chose ; et surtout, on ne risque pas d'altérer profondément leur caractère et de compromettre leur santé. »

En employant ainsi l'art de commander, de gronder et de punir, et en se possédant toujours parfaitement, une maitresse exerce sur les enfants qu'elle a à diriger une autorité bienfaisante, qui non seulement ne s'affaiblit pas par le temps, mais qui au contraire va toujours en croissant, et devient à la longue tellement puissante et tellement respectée, qu'il est presque inouï qu'elle rencontre encore des résistances. Alors le bon ordre de la classe est parfait. Cette classe peut servir de modèle, et attirer même ceux qui n'auraient que de l'éloignement pour les écoles religieuses, mais qui tiennent cependant à ce que leurs enfants soient bien élevées.

III. Une troisième qualité qui donne du

relief à vos classes, et qui peut les placer hors de pair, c'est la *compétence des maîtresses.* Si l'on peut dire avec vérité que vous êtes très instruites et que vous savez très bien instruire vos enfants, cela vous donnera immédiatement la première place dans l'estime du public. Car enfin les parents veulent que leurs enfants apprennent quelque chose, et pour cela ils cherchent partout les maîtres et les maîtresses les plus renommés et les plus capables.

Soyez donc instruites, et qu'on le sache, c'est le moyen d'attirer à vous l'estime et la sympathie du public.

a) *Soyez instruites.* Il ne suffit pas, comme autrefois pour les bonnes sœurs de village, de savoir lire, écrire et un peu compter. On exige beaucoup plus de vous à présent. D'abord vous êtes obligées de subir un examen qu'il faut préparer. C'est une garantie première que vous ne serez pas tout à fait ignorantes en entrant dans votre charge. Mais cela ne suffit pas. Si vous vous contentiez du petit bagage scientifique que comporte l'examen de capacité, vous seriez bientôt au-dessous de votre tâche. Si vous ne continuiez pas à étudier tout en donnant vos leçons, ce petit bagage s'en irait bientôt par pièces et par morceaux, car il est dans la nature de l'homme d'oublier peu à peu ce dont il ne s'occupe pas habituellement. Et puis vous ne seriez pas en état de donner à vos élèves les leçons et les explications dont elles ont besoin pour faire les progrès qu'on attend d'elles. Pour être utiles à vos élèves, il faut que vous soyez parfaitement maîtresses des matières que vous leur enseignez, que vous puissiez répondre à toutes les questions que vous feraient vos élèves. Au début de votre carrière, vous ne pouvez pas encore tout savoir parfaitement, vous vous perfectionnerez avec le temps, et vous compléterez vos connaissances par une étude assidue des auteurs ; mais, dès le début, il faut que vous ayez si bien préparé vos matières, soit en étudiant, soit en consultant au besoin vos sœurs plus anciennes, que vous soyez en mesure de faire droit à tout ce l'on pourra vous demander sur chaque sujet que vous avez à traiter. Donc étude, étude assidue de ce que vous savez, pour le mieux comprendre et pour vous l'assimiler plus parfaitement, et de ce que vous ne savez pas encore, pour être à même d'en donner quelques échantillons à goûter à vos élèves, dont le désir d'apprendre et la passion de savoir se développeront par là. Et ces études vous procureront à vous-mêmes des jouissances encore supérieures aux fatigues qu'elles vous auront occasionnées.

Donc, en premier lieu, soyez instruites et instruisez-vous toujours davantage.

b) De plus, en second lieu, *qu'on sache que vous êtes instruites*. Non pas que vous ayez à aller crier sur les toits : « Nous savons tout ce que les maîtresses peuvent savoir, et beaucoup mieux que les autres ne le savent. » Non, cela ne conviendrait ni à la modestie, ni à la vérité peut-être. Mais il faut que, sans que vous en parliez jamais, on sache que vous êtes instruites.

On le saura par vos diplômes d'abord, diplômes de premier et deuxième degré que vous devrez toujours vous procurer, autant que possible, et par la manière avantageuse, sinon brillante, dont vous passerez vos examens. — On le saura ensuite par la manière dont vous enseignerez, et là-dessus vous aurez le témoignage de vos élèves d'abord, qui ne vous ayant jamais surprises en défaut, vous ayant toujours trouvées prêtes à répondre à tout, et de la manière la plus satisfaisante, seront persuadées que vous savez tout et qu'on ne peut rien vous apprendre; pleines de cette pensée, elles iront partout, vantant vos connaissances à leurs parents et à quiconque voudra les entendre. Vous aurez aussi le témoignage des parents, qui constateront les progrès que vous avez fait faire à leurs enfants et qui ne pourront pas s'empêcher de rendre hommage à votre compétence et à votre talent pour instruire. Vous aurez enfin le témoignage des inspecteurs qui, bien que n'étant pas toujours très bienveillants, sont cependant généralement justes et impartiaux et qui, s'ils sont très contents de la manière dont vos élèves leur répondent, ne pourront pas s'empêcher de rendre justice à la compétence et à l'excellente méthode des maitresses (1).

(1) On cite dans la Vie de l'abbé de Lagarde, directeur du collège Stanislas à Paris, le trait d'un colonel qui était venu inspecter les manœuvres militaires et la gymnastique des élèves. Il était entré, il l'avoua lui-même, avec de grandes préventions contre la manière dont ces jeunes gens avaient été élevés. Mais le bon accueil qu'on lui fit, la bonne tenue des élèves et la façon remarquable dont ils manœuvrèrent sous ses yeux, chan-

Ainsi, si vos élèves montrent par leurs connaissances que leurs maîtresses sont instruites et qu'elles savent instruire, la réputation de vos classes sera faite pour longtemps, peut-être pour toujours.

Et vous jouirez de ce succès, non pas pour vous-mêmes, mais parce qu'il contribuera à la gloire de Dieu, à l'honneur de la religion et au bien des enfants, qu'on vous confiera toujours plus nombreuses, et entre lesquelles vous pourrez choisir.

II. — La classe du côté des élèves.

Nous avons dit que du côté des élèves il y a aussi certaines conditions qui contribuent à classer une maison à un rang élevé dans l'opinion. Ces conditions sont en quelque sorte le pendant des qualités que nous avons demandées dans les maîtresses, et elles en sont aussi presque nécessairement la conséquence. Ce sont surtout l'*esprit de discipline*, l'*appli-*

gèrent tellement ses dispositions qu'il fit au directeur l'éloge le plus enthousiaste de ses élèves et proclama tout haut que pour les exercices militaires, le collège Stanislas était au premier rang. (*Vie de l'abbé de Lagarde*, par le R. P. Simler, t. II, p. 348.)

cation et les *fortes connaissances* des élèves. Nous n'avons guère qu'à les nommer, pour que vous voyiez immédiatement la corrélation qu'elles ont avec les qualités qui doivent se trouver dans les maîtresses.

I. *L'esprit de discipline* sera le résultat, d'une part, de la bienveillance des maîtresses qui les fera aimer de leurs élèves, et d'autre part, de l'autorité qu'elles auront su prendre sur elles, en s'attachant à se faire respecter et à se faire obéir, et même au besoin à se faire craindre. De plus, il y a un troisième élément qui contribue à l'esprit de discipline : c'est l'habitude à laquelle on plie les élèves de faire tout dans l'ordre prescrit, au temps prescrit, et dans les circonstances prescrites.

Cette habitude se transmet alors, comme un héritage, des anciennes aux nouvelles et de celles-ci aux élèves encore à venir, elle s'implante si fortement dans une maison que, même quand il n'y aurait pas de surveillance, tout se ferait encore de la même manière par la force de l'impulsion primitive.

On raconte que les élèves du collège de Fribourg (Suisse), tenu par les PP. Jésuites de 1828 à 1847, étaient tellement dressés à observer la règle et à obéir au premier signe, que, quand la cloche sonnait la fin de la récréation, on n'entendait plus un seul mot dans toute l'étendue des rangs ; les phrases même étaient interrompues au beau milieu, et plusieurs fois des étrangers, observant ce brusque passage d'une récréation bruyante et animée au plus complet silence, ne purent s'empêcher d'exprimer tout haut leur admiration. La discipline était maintenue surtout par la lecture des notes à la fin de chaque semaine. Quand le P. Barrelle, préfet des études, faisait cette lecture, on aurait cru assister à une répétition en petit du jugement dernier, tant tout le monde était pénétré de crainte et d'angoisse, non pas tant pour les punitions qu'on pourrait avoir méritées, que pour s'être entendu nommer et signaler du haut de la chaire avec les qualifications quelquefois humiliantes qui convenaient à la conduite ou au travail.

Pour maintenir la discipline chez vous comme chez les Pères Jésuites, il est bon d'employer ce moyen, et d'entourer la lecture des notes de beaucoup de solennité, comme aussi il convient de donner toujours une sanction proportionnée aux fautes commises : avertissements, blâmes et reproches publics, et enfin, s'il le fallait, le dernier et suprême moyen, l'expulsion. Un tel exemple, quand on a dû l'employer, peut faire remonter la discipline à l'état le plus prospère, si l'on sait bien en tirer parti pour inspirer une salutaire frayeur aux élèves.

II. Avec l'esprit de discipline, il faut, dans une maison bien réglée, *l'esprit d'application.* Il faut que les enfants aiment à travailler, à faire leurs devoirs, à étudier leurs leçons, à s'acquitter de toutes leurs obligations de classe.

Un moyen de les y exciter, c'est d'abord le goût qu'on sait leur inspirer pour ce qu'elles apprennent : on leur en fait voir l'utilité, la nécessité même pour le reste de leur vie, et par là on les amène à surmonter leurs premières répugnances et à triompher de la paresse naturelle aux enfants.

Ensuite il faut proportionner à leurs forces la tâche qu'on leur donne. Il ne faut jamais les écraser de travail, pour ne pas les décourager ; autrement, elles se persuaderont qu'il leur est impossible de satisfaire leurs maîtresses, et elles ne se mettront plus en peine de faire bien leurs devoirs, ni même de les faire. Au contraire, si on leur a montré qu'elles peuvent facilement s'acquitter de leurs devoirs, qu'il n'y faut qu'un peu d'application et de bonne volonté, elles voudront faire voir à leur tour qu'elles n'en manquent pas, et elles apporteront leurs devoirs faits, non pas parfaitement peut-être, mais du mieux qu'elles auront pu. Il faut donc qu'elles aient cette persuasion qu'on ne leur demande pas trop, qu'on ne leur demande même pas tout ce qu'elles pourraient faire, mais qu'on aime mieux leur en donner moins à faire, pour être sûr qu'elles s'y appliqueront de tout leur cœur et qu'elles le feront aussi parfaitement que possible.

Un autre moyen à employer, c'est de récompenser tous leurs efforts, encore plus fidèlement qu'on ne punit leurs fautes. Punir les enfants paresseuses ou indociles, c'est très facile, mais il vaudrait beaucoup mieux les amener à ce qu'on n'ait ni à les gronder ni à les punir. Pour cela, il faut développer l'émulation. Et dans ce but, il est très important de louer devant les autres ce qu'elles ont fait de bien, et quand on doit blâmer des fautes ou signaler des parties défectueuses, de reconnaître cependant la part de bien qui peut s'y trouver; de plus, quand le devoir est vraiment bien fait, bien au-dessus de la moyenne des devoirs analogues, il importe de ménager quelques récompenses, des bons points, une inscription sur un livre d'honneur, une mention honorable publique, ou bien quelque récompense immédiate, une image, une brochure, un objet pieux, une friandise même, en un mot, tout ce qui peut faire plaisir aux enfants.

On peut encore proposer à celles qui on plus d'intelligence et de bonne volonté, des devoirs facultatifs en dehors des devoirs obligatoires, et si elles s'en acquittent bien, leur accorder une récompense proportionnée à leur travail. On voit quelquefois dans les collèges des élèves apprendre par cœur tout un chant de l'*Enéide* ou de l'*Iliade,* toute une tragédie de Racine ou de Corneille, toute une oraison funèbre de Bossuet, en dehors de leurs leçons ordinaires, pour avoir droit à une gravure, à un livre promis par leur professeur comme récompense, ou même simplement pour être inscrits sur le registre d'honneur de la classe, ou pour être mentionnés publiquement devant leurs maîtres et leurs condisciples. Ces différents moyens développent beaucoup l'émulation dans une classe, et quand les meilleures des élèves sont ainsi lancées en avant, elles entraînent avec elles toutes les autres dans l'amour du travail et du devoir, et il devient très facile de supprimer les punitions; on a même plutôt à retenir ses élèves qu'à les pousser en avant. Avec cela la classe marche bien, c'est une vraie jouissance pour les maîtresses, et c'en est une aussi pour les enfants.

III. Enfin un troisième caractère qui peut donner à vos classes un grand avantage, ce sont les *connaissances solides* que vous inculquez à vos élèves. Vous ne leur apprendrez pas seulement à tapoter plus ou moins agréablement du piano, à faire du dessin d'agrément ou du crochet ou de la tapisserie, à réciter quelque fable ou quelque morceau choisi, mais vous vous attacherez à les instruire à fond de tout ce qu'elles doivent savoir: d'abord les choses élémentaires, lire, écrire, compter, puis les travaux manuels dont elles auront besoin toute leur vie, enfin la connaissance au moins sommaire des choses qu'une femme ne peut pas ignorer sans passer pour sotte ou arriérée. Tout cela doit être enseigné, non pas superficiellement, mais à fond ; il ne faut pas se contenter de l'« à peu près », il faut aller jusqu'à la perfection, autant que possible, et pour cela, il ne faut pas se lasser de revenir sur les mêmes choses, non seulement jusqu'à ce qu'elles soient parfaitement sues, mais encore jusqu'à ce que les élèves soient en état d'en rendre parfaitement compte. Car si elles ne savent que pour elles, et qu'elles ne soient pas capables de transmettre à d'autres ce qu'elles savent, elles n'ont pas encore été assez bien formées. Par conséquent il faut insister pour que non seulement elles sachent, mais encore qu'elles sachent communiquer ou au moins manifester au dehors ce qu'elles savent. C'est seulement par là qu'elles peuvent vous faire honneur aux yeux du monde, et en particulier vous relever aux yeux des inspecteurs qui viennent les examiner. Donc, encore une fois, ne vous contentez pas d'à peu près, exigez la connaissance parfaite et l'expression aussi exacte que possible de tout ce qu'elles ont à dire.

Par exemple, pour la lecture, exigez que non seulement elles n'estropient pas un seul mot, qu'elles prononcent très distinctement toutes les syllables, mais encore qu'elles observent et le sens de la phrase et la ponctuation, pour les pauses à faire et pour l'intonation à donner. Qu'elles lisent non pas en récitant, mais d'une manière naturelle, comme elles parleraient. Il y en a très peu qui sachent faire cela, et c'est ce que les maîtresses doivent leur apprendre et par leurs leçons et par leur exemple.

Ce que nous venons de dire de cet objet de l'enseignement, appliquez-le à tout, et vous aurez des classes florissantes, et qui feront honneur, non seulement à vous, mais à votre congrégation et à la religion en général. Car, encore une fois, si nous voulons que vous primiez en tout, ce n'est pas pour vous, mais pour l'honneur de Dieu et pour le bien des âmes. Ne l'oubliez jamais !

Troisième Conférence.

LA CLASSE AU POINT DE VUE PÉDAGOGIQUE

Nous allons voir dans le détail comment vous devez vous y prendre en classe pour porter vos enfants à ce haut degré de formation intellectuelle et morale que l'on attend de vos efforts; comment vous pourrez parvenir à leur donner les connaissances dont elles ont besoin pour l'esprit, et les qualités dont elles ont besoin pour le cœur, puisque vous devez travailler sur l'un et sur l'autre et qu'elles n'auraient qu'une éducation nécessairement imparfaite, si soit l'esprit, soit le cœur, n'étaient pas suffisamment formés. La plupart de ces enfants, je parle des enfants des écoles communales, ne sont sous votre autorité qu'en classe; les autres, les enfants du pensionnat, sont bien sous votre conduite dans les autres occupations de la journée, mais c'est cependant aussi en classe que vous pouvez le plus agir sur elles. Donc, comment vous y prendrez-vous en classe pour leur faire tout le bien que vous devez leur désirer?

I. — Comment former l'esprit.

Et d'abord pour l'esprit, qu'il s'agit de former, devez-vous vous attacher seulement à leur faire apprendre un certain nombre de choses prescrites, à leur faire répéter ce que vous dites, ou ce qu'elles ont lu dans leurs livres, sans vous inquiéter si elles comprennent bien tout? Devez-vous vous borner à leur donner des idées sur ce qu'elles ne savent pas encore, sans chercher à les amener à penser elles-mêmes et à trouver par la réflexion des vérités qui leur resteront toute leur vie? Devez-vous cultiver surtout leur mémoire ou surtout leur jugement? Et qu'est-ce que vous devez principalement confier à leur mémoire, puisqu'il est impossible qu'elles retiennent tout?

Avec les petits enfants, ce qu'il faut cultiver c'est surtout la mémoire, sans cependant négliger le jugement. *Avec les enfants plus grands, c'est surtout le jugement* qu'il faut développer, sans cependant laisser non plus la mémoire inactive.

I. Aux plus jeunes enfants, vous avez à apprendre les éléments de tout, puisqu'elles ne savent encore rien de rien.

Il faut leur apprendre, en fait de religion, à faire le signe de la croix, à joindre les mains, à se mettre à genoux, à faire la génuflexion devant le Saint Sacrement, une révérence convenable devant la croix, devant les images de la sainte Vierge et des saints. Vous devez aussi bien leur apprendre le texte même des prières qu'elles doivent réciter chaque jour : le *Pater*, l'*Ave*, le *Credo*, le *Confiteor*, les actes de foi, d'espérance, de charité, de contrition. Tout cela est l'affaire de la mémoire.

Il y faut un peu de temps et beaucoup de patience, surtout quand les premières notions n'ont pas été données à la maison même par les parents; mais enfin on en vient à bout, dût-on avoir recours à d'autres enfants plus avancées pour faire répéter aux commençantes et pour leur redire vingt fois, cent fois même, ce qu'elles ne savent pas encore. C'est un enseignement mutuel qui peut se faire avantageusement en dehors de la classe, lorsque les enfants retournent chez elles.

Pour les choses profanes, il faut également apprendre tout aux enfants : le nom des lettres, leur prononciation, leur jonction pour faire des syllabes et des mots et même des phrases. C'est encore l'affaire de la mémoire. De même pour écrire, il faut leur apprendre à tracer des caractères, des bâtons, des liaisons, des courbes, etc. Lire et écrire sont le commencement, et c'est surtout la mémoire qui y est intéressée. De même encore pour le travail manuel : tenir une aiguille, faire des points, tricoter, coudre, découper, tout cela s'apprend par les yeux et par l'usage, c'est-à-dire par la mémoire ; il s'y joint sans doute une disposition naturelle d'adresse plus ou moins grande, mais encore faut-il qu'on montre aux enfants ce qu'elles ne savent pas, autrement elles perdraient bien du temps à chercher elles-mêmes.

Ainsi, pour tout ce que l'on enseigne aux enfants, c'est surtout la *mémoire* qui est en jeu. Mais l'intelligence n'en est pas absente non plus: Avec des enfants idiotes, on ne fera jamais rien ; avec des enfants qui ne savent rien encore, mais qui sont naturellement intelligentes, l'*intelligence se développe avec la mémoire ;* et c'est un point auquel il faut faire attention, afin de ne pas faire travailler les enfants machinalement, ou comme des chiens savants, comme ces pauvres animaux qu'on dresse à articuler des mots, à sauter, à faire toute sorte de tours d'adresse pour l'amusement des spectateurs. Cette formation machinale ne suffirait pas pour développer l'intelligence des enfants, quelquefois même elle l'étoufferait, en les empêchant de réfléchir. Il faut donc y joindre des explications qui leur fassent comprendre ce qu'elles font et ce qui en résultera; leur faire deviner, leur faire chercher et leur faire trouver ce qu'elles sont déjà capables de comprendre par elles-mêmes : cet exercice qui pique leur curiosité, stimule leur émulation et développe rapidement leur intelligence. Mais il ne saurait cependant suppléer à l'enseignement des maîtresses : pour apprendre, les enfants ont nécessairement besoin de voir ou d'entendre.

Il y a donc à *se défier également de deux défauts* sous ce rapport. Le premier, c'est celui de certains parents qui exaltent l'intelligence de leurs enfants et qui disent par exemple : « Cet enfant comprend tout, il n'y a besoin de rien lui apprendre », et qui par suite les dispensent de toutes leçons de mémoire, ou qui les excusent lorsqu'ils ne les ont pas apprises. Par là ils rendent un très mauvais service à leurs enfants, d'abord parce qu'ils les entretiennent dans cette idée funeste qu'il n'est pas besoin de se donner beaucoup de peine pour étudier quand on a de l'intelligence, que l'on saura toujours ce qu'il y a à savoir, ce qui est radicalement faux, puisque l'intelligence ne saurait suppléer aux connaissances acquises. Ensuite ils les privent d'un moyen très efficace de perfectionner leur esprit, qui est la culture de la mémoire; car la mémoire non exercée se rouille et s'affaiblit au point qu'on ne peut plus rien en obtenir, et il arrive ainsi que l'on n'est plus capable même de réciter une ou deux phrases apprises par cœur, par exemple quand on a le devoir de saluer un grand personnage (rappelez-vous les anecdotes comiques que l'on raconte de certains maires ignorants ou de certains orateurs inexpérimentés); ou bien quand on veut faire une citation qui donnerait du piquant à la conversation, mais que l'on n'est pas en état d'exprimer sans faire des quiproquos ou des changements ridicules; ou bien quand on devrait porter un témoignage en rapportant exactement ce que l'on a entendu, tandis qu'on ne peut le rapporter que par à peu près, comme si le changement d'un seul mot ne pouvait pas donner un tout autre sens à ce que l'on a entendu. Donc, ne s'attacher qu'à l'intelligence des enfants et ne pas exercer la mémoire, serait une faute grave de la part des parents ou des maîtresses.

L'autre défaut, c'est de s'attacher trop à la mémoire et pas assez à l'intelligence. Pourvu que l'enfant soit en état de débiter sa leçon comme un perroquet, ou d'imiter exactement ce qu'il a vu ou entendu, on ne s'inquiète pas de savoir s'il a compris, et s'il serait capable d'appliquer ce qu'il sait à d'autres objets analogues, mais non tout à fait identiques. Par là on réduit l'enfant à l'état d'automate en quelque sorte, on lui enlève toute initiative; au lieu d'élargir ses idées, on les lui rétrécit et on le rend incapable d'agir par lui-même quand il y sera appelé, ou de sortir du cercle étroit de ses connaissances élémentaires, comme ces ouvriers de fabriques à qui l'on a appris à faire certaines parties d'un objet, toujours les mêmes, afin d'aller plus vite, et qui sont incapables de faire autre chose. Agir ainsi, c'est atrophier l'intelligence au profit de la mémoire, c'est annihiler l'enfant, qui ne deviendra quelque chose dans sa vie que par l'intelligence, en qui par conséquent la mémoire ne doit être que l'auxiliaire de l'intelligence et non pas sa remplaçante.

Voilà donc, pour les enfants encore toutes jeunes, comment on doit les former : *cultiver surtout leur mémoire, mais sans négliger de développer en même temps l'intelligence,* qui est beaucoup plus importante encore que la mémoire.

Quand je dis *cultiver* la mémoire, je veux dire l'*exercer*, mais non la *surcharger*, encore moins l'*étouffer*. A voir en effet le grand nombre de matières plus ou moins disparates que l'on veut accumuler maintenant dans l'esprit des enfants, on dirait qu'on se propose d'étouffer leurs facultés naissantes sous cette avalanche d'objets indigestes qu'on leur fait ingurgiter, sans s'inquiéter si elles peuvent se les assimiler ou non. Il y a des enfants, des petites filles surtout, à qui l'on fait apprendre une multitude de choses inutiles, que les grandes personnes mêmes ne connaissent pas, et de qui l'on exige qu'elles sachent tout sur le bout du doigt : histoire, géographie, cosmographie, histoire naturelle, littérature, grammaire, mathématiques, et avec cela plusieurs langues étrangères, sans compter leur propre langue. Comment peut-on espérer que des enfants de 7 ou 8 ans, 10 ans même, se reconnaissent au milieu de tout cela? Elles auront peut-être une idée superficielle de tout ce qu'on leur a appris, mais elles ne sauront rien à fond; et si elles se croient savantes avec cela, elles feront de petites pédantes insupportables, et elles seront hors d'état d'acquérir du bon sens. Ne donnez pas, vous du moins, dans ce travers; ne multipliez pas outre mesure les objets d'instruction; contentez-vous du nécessaire : le catéchisme, la lecture, l'écriture, le calcul, la grammaire, le travail manuel, l'histoire sainte, un peu d'histoire nationale; puis, seulement quand elles seront plus grandes, les autres matières qui complètent l'instruction, mais qui ne sont pas nécessaires à la vie : l'histoire ancienne et moderne, l'histoire de l'Eglise surtout, un peu de géographie, un peu d'histoire naturelle, un peu de littérature, et, si les parents le demandent, quelques langues étrangères, la musique ou le dessin.

Mais la majeure partie de vos élèves n'en aura pas besoin, et pour elles il suffit que vous leur donniez les connaissances indispensables, mais que vous les leur donniez à fond. Plus tard, si elles veulent aller plus loin, ou bien elles se perfectionneront en étudiant elles-mêmes, ou bien elles trouveront des maîtres spéciaux.

II. Avec les enfants déjà plus grandes, vous devez vous attacher *surtout à développer le jugement et les habituer à penser, à réfléchir, à trouver par elles-mêmes* et à ne pas réciter leurs leçons comme des perroquets, ni parler à tort et à travers comme des pies.

La mémoire ne doit pas être négligée, nous l'avons déjà dit; ce serait impossible, du reste, avec les exigences des programmes : il faut que ces pauvres enfants apprennent tous les jours, soit textuellement, soit au moins substantiellement, une quantité de choses qui requièrent absolument le travail de la mémoire. Si cette faculté s'est déjà affermie et développée par l'exercice dans les classes inférieures, ce ne sera pas très difficile pour elles de s'en tirer. Mais si elles ne l'ont pas ou trop peu exercée jusque-là, comme cela arrive quand elles vous viennent à un âge déjà plus avancé, il serait impossible d'exiger d'elles tout ce que peuvent fournir leurs compagnes déjà habituées à étudier par cœur. Il faut donc, avec ces enfants qui ont de la bonne volonté, mais peu de facilité, se relâcher de la rigueur que l'on aurait avec d'autres, leur donner tous les jours quelque chose, mais peu de chose à apprendre, et quand elles le savent bien, quand même ce ne serait que quelques lignes, se montrer contentes, les encourager, puis leur donner progressivement un peu plus jusqu'à ce qu'elles soient en état de suivre les autres. La mémoire se développe par un exercice méthodique et continu, même chez les natures les plus rebelles ; c'est une affaire d'entraînement et de temps, mais il faut beaucoup de patience et de persévérance.

Quand une fois les enfants sont parvenues à acquérir une bonne mémoire, le travail intellectuel leur plait, elles retiennent tout ce qu'on leur dit, c'est un plaisir de leur faire la classe. C'est donc un très grand service à leur rendre que de les forcer à cultiver leur mémoire, — naturellement avec la réserve que nous faisions tout à l'heure pour les enfants plus petites, c'est-à-dire que si on exerce en elles cette faculté, on ne la surcharge pas, et surtout on ne l'écrase pas; car sa force de résistance est limitée, et il faut savoir tenir compte des limites des forces humaines, surtout des forces des enfants. Avec les programmes imposés par l'Etat, on n'est pas toujours libre de se contenir dans les bornes que l'on croirait raisonnables; mais si l'on est obligé de satisfaire à ces obligations des autorités supérieures, au moins il faut s'efforcer d'en rendre l'accomplissement plus facile par une méthode patiente et progressive, par des explications très claires et souvent répétées, par le sacrifice du mot à mot dans les leçons lorsque le sens suffit, par le retranchement même des choses moins importantes lorsqu'on ne pourrait pas sans cela voir à fond les choses essentielles. Il faut surtout ne pas ajouter pour sa part d'autres matières supplémentaires à celles que l'Etat impose déjà. Ici, grâce à Dieu, vous n'avez pas le travers que l'on trouve dans d'autres maisons, et si le programme des classes du pensionnat est un peu chargé, du moins il est encore accessible à peu près à toutes les élèves, et pour les classes communales vous vous contentez de ce qui est requis sans y ajouter des matières inutiles.

Mais comme nous le disions tout à l'heure, si on doit cultiver la mémoire dans les enfants déjà grandes, c'est surtout le *jugement* qu'il s'agit de développer, c'est la *réflexion* et la *pensée* qu'il s'agit de stimuler, car c'est par là seulement que les enfants agissent et qu'elles agiront toute leur vie. Ce qu'elles savent par mémoire leur servira de point de départ, mais ce qui les déterminera à agir, ce sera leurs propres pensées ; si elles n'en ont point, elles seront toujours comme des automates entre les mains de qui voudra les faire manœuvrer à sa guise.

Apprendre aux enfants à raisonner n'est pas très difficile, ils y ont une tendance naturelle, ils raisonnent déjà d'instinct sans le savoir. Ils se sont brûlés en mangeant de la soupe trop chaude : ils comprennent, malgré leur gourmandise, qu'il faut attendre quand ils la voient bouillante; cela est un acte de raisonnement tout à fait élémentaire, à la portée même des animaux, mais c'est déjà un raisonnement. Il n'est donc pas difficile de développer en eux cette tendance à raisonner. « Telle chose m'a fait mal, donc je ne dois plus en prendre comme je l'ai fait. Telle chose fait grand plaisir à Dieu, à mes parents, à mes maîtresses, donc je veux bien m'y appliquer pour leur faire plaisir. » Il n'y a qu'à attirer leur attention sur ce qu'on veut leur faire comprendre.

Il est plus difficile de les *faire réfléchir*, parce que la légèreté de leur âge et de leur nature s'y oppose; mais on peut cependant les y amener, en profitant de toutes les circonstances pour leur montrer l'avantage qu'il y aurait ou qu'il y aurait eu pour eux à réfléchir, et le grand tort qu'ils se sont fait ou qu'ils se font en ne réfléchissant pas. Après plusieurs expériences de ce genre ils sont plus portés à réfléchir et à mettre en pratique le précepte du Sage : *Respice finem,* traduit par la fabuliste : « En toute chose il faut considérer la fin. » « A quoi cela aboutira-t-il? Aurai-je à m'en applaudir ou à le regretter? Si je devais le regretter, pourquoi le faire maintenant? » Cette considération a une très grande portée pour la conduite morale des enfants pendant toute leur vie. Il faut donc les y habituer de bonne heure.

Par eux-mêmes, les enfants ne pensent à rien, ils sont insouciants et légers ; les choses auxquelles ils devraient faire le plus attention, ils n'en ont pas l'idée. C'est une croix pour ceux qui les élèvent, et on la rencontre à tous les degrés de l'échelle sociale. Bossuet s'en plaignait en rendant compte au Souverain Pontife de l'éducation de son royal élève, le Grand Dauphin : « Ne penser à rien, *incogitantia,* c'était son grand défaut. » Que d'autres sont dans le même cas, sans être cependant si haut placés ! Vous en savez quelque chose. Quand vous faites des reproches à une enfant : « Pourquoi n'avez-vous pas fait cela? — Je n'y ai pas pensé », répond-elle. Et si au contraire vous lui reprochez d'avoir fait quelque chose qui devait amener des conséquences fâcheuses : « Je n'avais pas pensé que ce serait mal », vous dira-t-elle. Ainsi la raison pour laquelle elles font souvent du mal ou ne font pas du bien qu'elles auraient dû faire, c'est qu'elles n'y ont pas pensé, elles sont trop légères pour cela. Il faut donc encore une fois les habituer à penser. Autrement elles ne sauront jamais se conduire, elles feront toutes sortes de sottises qu'elles ne reconnaîtront que quand il ne sera plus temps de les réparer.

Si vous les formez à réfléchir avant de parler et surtout avant d'agir, elles éviteront la plupart des fautes que d'autres commettent et elles vous feront toujours honneur. Penser et réfléchir se rapporte encore plus à la formation intellectuelle, mais c'est utile et nécessaire pour les deux.

Quelque chose qui contribue encore plus à former le jugement et à développer l'intelligence, c'est la méthode d'enseignement qu'employait Socrate. Au lieu d'exposer soi-même à l'enfant les vérités qu'on veut lui faire comprendre, on tâche de l'amener, par des questions, à trouver peu à peu les vérités par lui-même, en lui faisant voir la fausseté des différentes solutions qu'il pourrait croire suffisantes, si on ne lui en montrait le défaut. Cette méthode qu'on appelle *socratique*, du nom de son auteur, est extrêmement avantageuse pour stimuler l'esprit et affermir le jugement. Elle peut s'employer dans les différentes sciences qui ne sont pas du domaine exclusif de la mémoire, mais surtout dans celles qui touchent plus ou moins à la philosophie et à la religion, parce que là la raison est intéressée, il y a plus besoin de réfléchir et de penser que d'apprendre par cœur. On cite un professeur de philosophie de Lyon, l'abbé Noirot, qui dans la première moitié de ce siècle formait avec cette méthode des élèves très distingués et de profonds penseurs. Même dans les classes populaires on peut l'employer avec avantage, surtout quand les enfants sont un peu plus grandes et qu'elles se piquent d'émulation pour découvrir elles-mêmes les réponses justes et complètement satisfaisantes à ce qu'on leur demande. Outre l'intérêt, quelquefois passionné, qu'elles trouvent alors dans les matières qu'on leur enseigne, leur esprit y acquiert une bien plus grande pénétration. Et puis elles en retirent une habitude de réfléchir, de considérer un objet sous toutes ses faces, de ne pas apprécier une chose sur les apparences, ni prononcer à première vue un jugement catégorique, mais de savoir examiner, de s'abstenir quand elles ne savent pas encore, et de n'affirmer ou nier que quand elles voient clairement qu'une chose est ou n'est pas. C'est encore là une habitude très importante pour toute la conduite de la vie, surtout pour des jeunes filles ou des femmes, qui sont beaucoup plus portées à juger d'après leurs impressions que par réflexion, et qui, par suite, sont exposées à toute sorte de préventions et de jugements faux dont on les fait ensuite difficilement revenir.

Vous voyez comment la formation de l'esprit influe prodigieusement sur le caractère et sur la volonté. Cependant ce n'est pas là son but direct, ce n'est qu'une conséquence naturelle et nécessaire de la réunion de ces deux facultés dans le même sujet. Il y a aussi des soins particuliers à donner à la formation du cœur ou de la volonté, et ces soins sont une des obligations principales des maîtres et des maîtresses en tant que suppléants des parents.

II. — Comment former le cœur.

Le cœur est dans l'homme, et par conséquent dans l'enfant, une pièce beaucoup plus importante encore que l'esprit. Un homme qui n'aurait que de l'esprit et des connaissances et pas de cœur, serait un triste sujet. Il est donc bien plus important encore, dans l'éducation, de former le cœur que de former l'esprit. Et c'est là aussi votre tâche comme maîtresses chrétiennes et religieuses.

Former le cœur, c'est d'un côté implanter dans le cœur et y développer tous les bons sentiments que la nature y a déjà placés en germe ; et de l'autre côté en enlever, par une culture assidue, toutes les mauvaises herbes, c'est-à-dire *toutes les mauvaises inclinations* que le péché originel y a apportées et qui ne demandent qu'à grandir et à s'étendre, comme la zizanie semée au milieu du bon grain.

Pour cette double formation, il faut des soins très assidus et une vigilance de tous les jours et de tous les instants. Laisser subsister dans l'enfant un défaut qu'on pourrait corriger, c'est le laisser dans l'esclavage. Ce tyran qui le domine lui fera commettre bien des fautes et peut-être finira par le priver du salut éternel. Ne pas l'exciter et l'encourager au bien dont il est capable, c'est aussi le laisser dans un état de nullité, inutile aux autres et à lui-même, incapable de procurer la gloire de Dieu, pour laquelle seule il est créé cependant. Donc il faut dans l'enfant *développer tous les bons instincts* que Dieu lui a donnés et *lui faire combattre tous les mauvais instincts* qu'il a reçus du péché originel d'abord, puis peut-être des habitudes vicieuses de sa famille.

Pour cela, il faut s'attacher à bien connaître les enfants, leurs dispositions, leur caractère, leurs habitudes. C'est d'après ce que l'on voit en eux qu'il faudra se régler. On ne traitera pas un enfant lymphatique et paresseux comme un enfant ardent et avide de louanges, ni un enfant doux et paisible comme un enfant violent et emporté. Il faut donc tout d'abord *étudier les caractères* et les dispositions des enfants, et quand on a reconnu qu'ils sont portés à tel ou tel défaut, le leur faire remarquer, et saisir toutes les occasions de le combattre et de le leur faire combattre.

Je dis 1° *le combattre,* parce qu'on ne doit pas laisser sans avertissements ou sans punition la manifestation de ces défauts qui compromettent la santé ou la vie morale des enfants et qui pourraient aussi agir sur d'autres par voie de contagion. Je dis aussi 2° *le leur faire combattre,* car il faut les intéresser aussi à se défaire de ces défauts qui leur nuisent et qui les rendraient désagréables et à Dieu et aux hommes. S'ils prennent à cœur de se corriger, ils feront des efforts sur eux-mêmes; et quand même, par suite de leur faiblesse, ils retomberaient souvent, ils auraient cependant gagné beaucoup, rien que par ce commencement de lutte, à laquelle l'homme est si peu porté naturellement. Avec de la persévérance, et en les prémunissant contre le découragement, on peut parvenir à les corriger réellement et même entièrement de leurs défauts. Si au contraire ils n'y avaient pas prêté la main, s'ils s'étaient bornés à recevoir les observations et les reproches sans vouloir en profiter, on n'obtiendrait jamais rien d'eux que de les irriter et de les rendre plus méchants encore, ou, ce qui serait pire, hypocrites.

C'est donc de concert avec les enfants qu'il faut travailler à les corriger de leurs défauts ; on n'en viendrait pas à bout tout seul, mais on gagnera chaque jour du terrain, si on parvient à leur inspirer de la bonne volonté et à la maintenir en eux.

Pour cela il faut leur faire comprendre 1° combien ces défauts leur nuisent ou leur nuiraient, et 2° combien l'affection qu'on leur porte fait un devoir de travailler à les en délivrer. S'ils sont convaincus que c'est leur intérêt bien entendu de se corriger, même au prix de grands efforts, et que tout ce qu'on fait dans ce but, en les avertissant, en les reprenant, en les grondant, en les punissant même, on ne le fait que parce qu'on les aime, ils se laisseront, eux aussi, guider dans cette voie ; ils concevront le dessein de seconder les efforts de leurs maîtres dévoués, ils veilleront mieux sur eux, ils feront des efforts réels, et s'ils sont inconstants et faibles, ils recevront mieux les observations de leurs maîtres, ils se relèveront après chaque chute et ils recommenceront à travailler, sans jamais vouloir croire qu'ils n'en viendront pas à bout, mais avec la persuasion, au contraire, persuasion que leur suggéreront leurs maîtresses, qu'avec de la bonne volonté ils peuvent toujours parvenir à se corriger et à devenir très sages, mais qu'il faut seulement du temps et de la persévérance.

Lutter contre ses défauts c'est déjà travailler à acquérir les vertus opposées; par conséquent c'est faire d'une pierre deux coups. On était méchant, on s'efforce de devenir bon ; on était taquin, tracassier, querelleur, on s'efforce de devenir doux, aimable, bienveillant; on était porté à la dissimulation, au mensonge, on s'attache à ne dire plus jamais que la vérité et à être sincère en tout ce que l'on dit et en tout ce que l'on fait; on était impoli, impertinent, grossier, on s'efforce de devenir poli, respectueux, délicat dans ses paroles et dans tous ses procédés ; on était entêté, désobéissant, murmurateur, on s'efforce de devenir docile, obéissant, charitable, reconnaissant; on était porté à la coquetterie, à la vanité, au luxe, on s'efforce de devenir simple, modeste, sans affectation et sans prétention; on était paresseux pour se lever, pour travailler, on se lève de bonne heure, on se met avec ardeur au travail; on était moqueur, médisant, indiscret, curieux, on s'interdit les moqueries, les médisances, les indiscrétions, les actes de curiosité; on était avare, on devient généreux; on était prodigue, on devient économe.

Ainsi, en corrigeant un défaut on acquiert une vertu : double bénéfice qu'il faut faire comprendre aux enfants. C'est comme si on enlevait une tache de leurs vêtements et qu'on y mette à la place une parure ou un bijou. Autant les défauts d'un enfant le rendent difforme et déplaisant aux yeux de Dieu et même des hommes, autant les vertus contraires le rendent agréable à Dieu et aux hommes. Il est par conséquent encouragé tous les jours à lutter de nouveau contre lui-même et à acquérir les vertus qui lui manquent. S'il a fait un effort aujourd'hui il en fera encore un plus facilement demain, et le troisième jour plus facilement que les deux premiers; par conséquent il ne doit jamais se décourager, ni s'arrêter. En marchant toujours, il avancera à coup sûr, quand même il tomberait plusieurs fois sur la route : c'est ce qu'il faut dire aux enfants pour les tenir en haleine. C'est du reste le seul moyen que nous avons de nous préserver nous-mêmes du découragement à la vue de nos chutes nombreuses et de nos mauvaises inclinations, toujours persistantes ou toujours renaissantes. Il n'est pas plus difficile aux enfants qu'à nous de devenir vertueux et de se corriger de leurs défauts ; souvent même il l'est moins, parce que les habitudes sont moins invétérées chez eux que chez nous. Mais *il faut les soutenir* dans leurs efforts : de même que nous avons besoin d'être soutenus nous-mêmes par la main amie d'une mère ou d'un père spirituel, ainsi les enfants se lasseraient bien vite, si vous, qui êtes leurs mères selon la grâce, vous ne les encouragiez et ne les souteniez pas sans cesse.

Voilà donc qui est entendu : vous devez travailler avec vos enfants à les corriger de leurs défauts et à leur faire acquérir les vertus qu'elles n'ont pas, et vous devez les y faire travailler avec vous. — Entrer dans le détail des défauts à corriger et des vertus à acquérir pour que le cœur soit formé, exigerait tout un traité des vertus et des vices ; ce n'est pas maintenant le lieu de l'entamer.

Mais il y a pourtant *une vertu* particulière qu'il faut signaler, et *un vice* qu'il faut flétrir, parce que l'un et l'autre exercent une influence extraordinaire, dans un sens absolument opposé, sur l'éducation. La vertu qui agit d'une manière bienfaisante et dont la valeur ne saurait être assez appréciée, c'est la vertu des anges, la pureté, ou la vertu des enfants bien nés, l'innocence. Le vice qui exerce une influence désastreuse sur toute l'éducation, et qui rend un enfant incapable de profiter des soins qu'on lui donne, soit pour l'esprit, soit pour le cœur, c'est le vice impur. L'*innocence,* dans les enfants qui ne connaissent pas encore le mal, ou la *pureté,* dans ceux qui le connaissent déjà mais qui le détestent et qui le fuient, est ce qui rend les enfants non seulement aimables, mais encore susceptibles de toute bonne impression et capables de tout effort pour le bien. Leur cœur se porte naturellement vers ce qui est noble et beau, vers la vertu, la générosité, la reconnaissance, l'affection pour tous ceux qui leur veulent ou qui leur font du bien. On peut en obtenir beaucoup, quand on sait faire vibrer en eux la corde de l'honneur, de la sensibilité, de l'amour pour Dieu, pour leurs parents, pour leurs maîtres et maîtresses.

Avoir affaire à des enfants purs et innocents, c'est une véritable jouissance pour les maîtresses chrétiennes : malgré tous leurs défauts, ces enfants ont toujours quelque chose d'aimable, et quand même on devrait les gronder et les punir on ne peut s'empêcher de les aimer. Au contraire, des enfants qui ont perdu l'innocence et qui se sont livrées au mal, sont un véritable supplice pour leurs maîtresses. Ou bien ces enfants savent dissimuler, et alors on lit dans leurs yeux l'hypocrisie, et on se trouve mal à l'aise, comme on l'est toujours en présence de la dissimulation et de la fourberie ; — ou bien elles laissent, malgré elles, paraître le poison qui les ronge; leur visage devient sombre, leur caractère acariâtre, leur humeur taciturne ; pour donner le change, elles se livrent quelquefois à une légèreté, à une dissipation désespérante, ou d'autres fois, quand la conscience les tourmente davantage, elles sont farouches, grossières, impertinentes ; on soupçonne la cause du mal, mais, comme on ne l'a pas constatée positivement, on en est réduit à des conjectures et à d'inutiles soupirs ; — ou bien ces enfants ne se cachent plus et se montrent ouvertement ce qu'elles sont, au moins avec leurs compagnes ; alors elles sont comme des pestiférées ou des lépreuses qui portent la contagion partout où elles passent ; naturellement, dans ces conditions, elles ne peuvent pas rester longtemps dans une école chrétienne, mais le temps qu'elles y passent est déjà de trop et suffit pour causer bien des insomnies peut-être à leurs maîtresses. Dans tous les cas, que le mal soit dissimulé ou qu'il soit apparent, c'est toujours comme le ver rongeur qui s'attaque à la racine de l'arbre ; il usera toute la sève vitale dans le sujet qui en est atteint, et si cet arbre peut encore présenter un feuillage d'assez bonne apparence, c'est-à-dire de belles qualités naturelles, il ne pourra cependant plus produire aucun fruit. Tout ce que l'on pourra dire à cette enfant, si on ne détruit pas le ver qui la ronge, sera tout à fait inutile : ou l'enfant sera paresseuse ou incapable de quoi que ce soit de bien, ou elle sera indisciplinée et se fera un plaisir de tourmenter ses maîtresses, ou elle sera méchante et trouvera sa joie à faire du mal aux autres. Une enfant impudique est une enfant dont on ne peut rien tirer.

C'est la vraie croix des maîtresses religieuses.

Aussi tous les efforts doivent tendre 1° à découvrir ce mal s'il existe dans leurs élèves, 2° à le combattre et à le détruire, 3° à en préserver celles qui en sont encore exemptes. Vous ne manquez pas, j'en suis sûr, à ce devoir. Mais il vous faut pour cela l'assistance de quelqu'un qui est plus puissant que vous et qui tient encore plus que vous à la pureté des enfants, je veux dire la très sainte Vierge, qui est leur mère et la vôtre. Vous vous adresserez donc à elle, surtout dans le mois du Rosaire que nous allons commencer, et vous lui demanderez de vous aider à rendre ou à maintenir vos enfants bien pures et à vous faire croître vous-mêmes tous les jours en pureté et en amour de Dieu.

Quatrième Conférence.

LA CLASSE AU POINT DE VUE DES MŒURS

Nous nous étions arrêtés un instant, à la fin de notre dernière conférence, sur un mal qui peut paralyser tous les efforts des meilleurs maîtres et rendre impossible une éducation chrétienne, s'il n'est pas attentivement surveillé, vigoureusement combattu et complètement étouffé dans la classe qui en est atteinte ou menacée : je veux dire le vice impur. Pendant le beau mois du Rosaire, vous recommanderez instamment à la protection de la Reine des vierges les âmes de vos enfants et les vôtres, pour pouvoir les préserver de la contagion de ce mal ou pour en guérir celles qui déjà en auraient été atteintes.

Aujourd'hui nous devons voir ensemble d'abord comment on *découvre* ce mal dans les enfants, ensuite comment on le *combat* en guérissant celles qui en sont atteintes et en préservant les âmes encore innocentes.

I. — Comment découvrir le vice impur dans les enfants.

On le découvre par une surveillance attentive de tous leurs mouvements, de toutes leurs paroles, de leurs regards, de leurs gestes, de leur tenue, en un mot de tout leur extérieur.

Quand les enfants viennent pour la première fois dans vos classes, surtout à un âge encore tendre, vous ne pouvez pas savoir si elles ignorent encore le mal ou si elles en sont déjà infectées. Il faudra donc les considérer attentivement et les suivre de près dans tout ce qu'elles diront et tout ce qu'elles feront, soit lorsqu'elles sont seules, soit lorsqu'elles sont avec leurs compagnes, en classe, en récréation, à l'étude, lorsqu'elles vont à la maison, au réfectoire, à la chapelle, au dortoir, en un mot partout. Pour les enfants toutes jeunes, ne soupçonnez pas trop facilement le mal, mais même pour les plus jeunes ne les croyez pas non plus trop facilement exemptes de ses premières atteintes; observez prudemment, sans défiance visible, mais avec la persuasion que, si vous étiez trop confiantes, vous pourriez bien avoir à vous en repentir. Le mal, s'il existe, se traduit bientôt, parce que les enfants, à cet âge-là, ne savent pas longtemps dissimuler. Quand elles sont plus âgées, c'est beaucoup plus difficile. Il y a des enfants qui cachent une corruption profonde sous des dehors tout à fait charmants. On les prendrait pour des anges de candeur et d'innocence, elles ont l'air si ingénu; les manières si caressantes, la figure si avenante! et pourtant elles sont déjà rongées intérieurement par le mal, et peut-être elles en font la propagande hypocritement parmi leurs compagnes. On peut s'y tromper, et quelquefois assez longtemps. Mais cependant, si on continue à les observer et si on ne se laisse pas aveugler par une prévention favorable, par ses sympathies naturelles, non plus que par ses antipathies, il est impossible qu'à la fin on ne remarque pas au moins quelques indices du mal caché, s'il existe. Quelquefois ce sera un livre introduit en fraude et soigneusement dissimulé qui mettra sur la voie; d'autres fois ce sera un cahier, un portefeuille qu'on avait toujours soustrait aux regards des maîtresses et sur lequel on aura inscrit des poésies, des lettres, des anecdotes, des pensées qui montrent de quoi on aime à s'occuper en secret; quelquefois ce sera une lettre interceptée, qu'on voulait faire passer ou qu'on espérait recevoir en cachette; d'autres fois ce sera quelques phrases d'une conversation surprises au vol; chez quelques enfants ce sera la recherche de la solitude et la fuite de leurs compagnes et de leurs maîtresses; chez d'autres ce sera la recherche de certaines compagnes, déjà suspectes par leur légèreté ou par leur manque de piété; ce sera quelquefois l'air de trouble qui se peint sur leur visage quand on fait allusion à certains sujets délicats, d'autres fois un certain sourire équivoque, ou une manière provocante de regarder leurs compagnes. Chacun de ces indices ne pourrait pas suffire pour asseoir un jugement, ni même toujours pour motiver un soupçon, mais plusieurs réunis donnent à réfléchir, et quand on a pu en grouper un certain nombre qui se fortifient mutuellement, il est fort à craindre qu'on ne soit obligé de reconnaître la présence du mal et peut-être d'un mal déjà invétéré. — Je ne parle pas des enfants qu'on prendrait sur le fait; là, le doute n'est plus possible. Il peut y avoir seulement quelque incertitude sur leur culpabilité, si l'on peut présumer, par exemple, que ces enfants, en se livrant au mal par suite d'une habitude d'enfance contre laquelle on ne les avait pas mises en garde, ne croyaient pas mal faire, quoiqu'elles n'eussent pas la conscience tout à fait rassurée.

De quelque manière qu'on soit arrivé à la connaissance du mal, on se trouve immédiatement en face d'un double devoir : 1° empêcher ce mal de se propager chez d'autres, s'il y a danger que les enfants coupables ne le communiquent, et 2° travailler à le guérir au plus tôt chez les enfants qui en sont atteintes.

II. — Comment combattre le vice impur chez les enfants.

Il faut tout d'abord empêcher que le mal ne se communique à d'autres enfants.

A la première découverte que l'on fait d'un mal de ce genre, on doit rechercher si l'enfant coupable est seule coupable ou si elle a des complices; si cette enfant a été entraînée, ou si elle en a entraîné d'autres. Il est bon de prendre cette enfant à part et de lui parler avec bonté pour lui faire comprendre sa faute, et quand elle la comprend, obtenir d'elle qu'elle fasse des aveux sur elle-même, et s'il y a lieu, sur ses compagnes. Il ne faut pas, pour commencer, lui témoigner de l'indignation, mais plutôt de la compassion et un tendre intérêt. D'abord, parce que, quelque coupable qu'elle puisse être, elle est encore plus à plaindre qu'à blâmer. Notre-Seigneur disait bien de ses bourreaux : « Pardonnez-leur, car ils ne savent ce qu'ils font. » Ensuite, parce que par l'indignation on n'obtiendrait rien d'elle, tandis que par la charité et par la bienveillance on peut ouvrir le cœur au repentir et y faire pénétrer de nouveau l'amour du bien. Donc, après une première découverte de ce genre, pas de reproches violents, pas de paroles de mépris, pas de traitement brutal; au contraire, une tendre compassion, un affectueux et douloureux intérêt, auquel l'enfant ne pourra jamais se méprendre. Si son cœur est touché par la bonté de sa maîtresse, elle fera sans difficulté les aveux qu'on lui demande ; on verra alors jusqu'où s'étend le mal, et quel remède il faut y apporter. Si l'enfant peut croire à la discrétion et à la bienveillance de ses maîtresses, elle ne craindra pas de venir elle-même recourir à leurs conseils et leur demander leur appui pour lutter contre elle-même et pour dompter ses habitudes ou ses inclinations vicieuses. Elle n'hésitera pas non plus à leur signaler celles de ses compagnes qui lui auraient été funestes et qui seraient encore une tentation pour les autres. Reconnaissante de n'avoir pas été repoussée impitoyablement après une première faute, elle se croira obligée de s'acquitter envers ses maîtresses, en leur dévoilant ce qui peut leur être utile ou nécessaire pour la conduite des autres élèves. Dans ce cas, on voit qu'une bonté compatissante produira beaucoup plus de bien que l'indignation à laquelle on serait trop porté à se laisser aller naturellement.

Si une enfant s'est ouverte sur ce point avec une de ses maitresses, et que la maitresse ait au cœur le véritable amour des âmes que lui recommande Notre-Seigneur, elle ne se donnera pas de repos jusqu'à ce qu'elle ait amené cette pauvre enfant à détruire le mal en elle et à déraciner entièrement ses mauvaises habitudes. Pour cela, elle usera à la fois des moyens *naturels* et des moyens *surnaturels*.

1. Les moyens naturels sont ceux qui agissent sur l'*intelligence* et sur la *volonté* au point de vue naturel.

Sur l'*intelligence :* la maîtresse montrera à l'enfant le grand mal que produit ce péché : la dégradation, la honte, l'avilissement de l'homme à ses propres yeux, puis l'impuissance de faire quoi que ce soit de bien, parce que ce vice épuise toutes les forces physiques et morales, la perte de la réputation, le mépris public, l'indignation des gens de bien; elle pourra lui citer tel ou tel exemple, s'il s'en trouve parmi les personnes que connaît l'enfant, qui lui feront comprendre les terribles conséquences de ce péché, et qui, par suite, le lui feront prendre en horreur.

En agissant ainsi sur l'intelligence, elle agira par contre-coup sur la *volonté,* qui commencera à détester le mal qu'elle aimait auparavant; elle entretiendra et activera ce mouvement de répulsion pour le mal, en lui faisant toucher du doigt, pour ainsi dire, que ce qu'elle perd par le péché n'est pas à comparer avec ce qu'elle gagne : une misérable satisfaction d'un moment dont elle rougit ensuite, voilà ce qu'elle gagne; et ce qu'elle perd, même au point de vue naturel, c'est la paix de la conscience, l'estime de soi-même, l'estime des honnêtes gens et l'espoir d'arriver à quoi que ce soit de bien. En même temps, elle lui fera voir que, quelque faible qu'elle soit, elle peut cependant résister à l'attrait du mal; elle n'a pour cela qu'à le vouloir : qu'elle essaie seulement une fois; si elle réussit une seule fois à répudier le mal qui la tente, elle verra bien qu'elle est capable de le faire d'autres fois aussi, et alors elle aura plus de courage pour combattre et plus d'espérance de vaincre.

Ces considérations, au point de vue naturel, ont déjà de la puissance. On peut y ajouter celles qui viennent de l'affection des enfants pour leurs parents, pour leurs maîtresses, pour des compagnes plus pures qu'elles peut-être. « Que deviendraient vos parents s'ils savaient cela, quelle peine n'éprouveraientils pas ? Ne voulez-vous pas vous corriger par amour pour eux ? Voudriez-vous donc les déshonorer, peut-être les faire mourir de honte ? — Et pour nous, qui vous aimons tant, qui vous montrons notre dévouement tous les jours, ne voulez-vous rien faire ? N'avez-vous pas la force de vous vaincre pour nous éviter le chagrin que nous causent vos fautes, vous le savez bien ? — Et ces compagnes qui ne vous soupçonnent pas si mauvaise, qui auraient peut-être horreur de vous si elles vous connaissaient pour ce que vous êtes, ne voulez-vous pas vous rendre digne de leur amitié, ou iriez-vous jusqu'à vouloir aussi leur ravir l'innocence et les plonger dans le mal comme vous ? Ne rougiriez-vous pas de jouer ainsi le rôle de Caïn auprès de l'innocent Abel ? — Vous-même, comment pouvez-vous vivre toujours tourmentée par les remords de votre conscience ? Est-ce que la jouissance du péché peut contrebalancer pour vous ces remords et ces inquiétudes continuelles que vous éprouvez après l'avoir commis ? Et puis, ne sentez-vous pas que vous ruinez votre santé, que vous affaiblissez votre intelligence, que vous perdez votre mémoire, que vous vous abrutissez insensiblement, et que vous vous mettez hors d'état non seulement de lutter avantageusement avec vos compagnes, mais encore de faire quoi que ce soit d'utile plus tard?

« Relevez-vous donc, mon enfant, et revenez au bien, à l'estime de vous-même, à Dieu. »

2. Dieu, voilà le grand ressort avec lequel on peut tout obtenir des enfants, tant qu'elles n'ont pas perdu la foi. Ils sont à plaindre ceux qui ont à s'occuper d'éducation et qui n'ont pas Dieu avec eux pour les aider. Tout ce que nous venons de dire pour détourner les enfants du mal, au point de vue naturel, a bien une certaine valeur, si l'habitude du mal ne leur a pas déjà enlevé leurs bonnes qualité naturelles. Mais si leur cœur est déjà malheureusement corrompu par le mal, comme cela arrive quelquefois de très bonne heure, tous ces motifs n'ont plus la force de les émouvoir ou du moins ne leur produisent plus aucune impression, quand elles se trouvent en face du mal qui les sollicite. Alors, pour agir sur elles, il faut des considérations beaucoup plus fortes qui pénètrent jusqu'à la division de l'âme et de l'esprit, comme dit saint Paul :

Pertingens usque ad divisionem animæ et spiritus! c'est-à-dire qui sachent faire la différence entre les appétits de l'âme sensitive et les aspirations de l'esprit, créé pour la vérité et pour le bien; il faut des considérations *surnaturelles.* « Ce que vous faites et ce que vous voulez faire est un péché grave, qui vous rend abominable aux yeux de Dieu, et qui attire sur vous sa colère et sa malédiction; avec ce péché, vous ne pourriez jamais entrer au ciel et vous seriez irrémissiblement condamnée à l'enfer. Voulez-vous vous exposer à une éternité de tourments, pour une satisfaction criminelle aussi éphémère et aussi méprisable? Si vous étiez frappée de mort après avoir commis le péché, sans avoir eu le temps de vous repentir, vous seriez infailliblement damnée. Ne savez-vous pas que vous pouvez mourir subitement d'un instant à l'autre? Et à quelque instant que vous commettiez le péché, vous pouvez être frappée par la justice de Dieu. Vous avez beau vous cacher aux regards des hommes, vous n'échappez pas aux regards de Dieu. Il voit tout, jusque dans les ténèbres. Il voit ce que vous faites et ce que vous dites et même ce que vous pensez. Il est tout-puissant, il déteste infiniment le mal, et il est toujours prêt à le punir. Vous ne commettriez qu'un seul péché, c'en serait assez pour vous perdre, si vous êtes surprise par la mort dans cet état. Encore une fois, voulez-vous donc exposer votre éternité, sacrifier le bonheur du ciel, vous condamner à l'enfer, uniquement pour une satisfaction aussi mesquine et aussi honteuse? Non, non, soyez raisonnable, demandez pardon à Dieu et promettez-lui que vous ne l'offenserez plus jamais en commettant ce péché. »

Voilà le langage qu'un confesseur tiendrait à ces malheureuses victimes du péché impur; voilà le langage que vous devez leur tenir vous-mêmes lorsqu'elles s'adressent à vous pour décharger leur cœur et qu'elles veulent trouver en vous une espèce de confesseur bénévole et supplémentaire qui les effraie moins, et qui les aide à dire tout au véritable confesseur, institué de Dieu pour conduire et pour guérir les âmes.

Car, quelque confiance que ces enfants aient pour vous, vous ne pouvez pas malheureusement les absoudre, ni leur rendre la paix; il faut donc que vous les renvoyiez au confesseur, qui peut le faire et dont la mission est de le faire. Parler aux enfants de Dieu qui défend le péché, qui le voit et qui le punit par des supplices effroyables, d'autre part leur parler du prêtre qui reçoit l'aveu des péchés, qui les pardonne et qui aide à s'en corriger; les lui envoyer par de douces et saintes instances, les forcer en quelque sorte à aller chercher là le remède, lors même qu'elles ne le voudraient pas : voilà le moyen le plus efficace que vous puissiez employer pour guérir vos enfants du vice impur ou de la tendance à ce vice. Tous les autres moyens sans celui-là sont impuissants; les moyens naturels sont sans force lorsque le cœur est corrompu, et les autres moyens surnaturels tels que la prière, la dévotion à la sainte Vierge, la mortification, la fuite des occasions extérieures ne suffisent pas, si celui-là n'y est pas ajouté. Aussi, dans les établissements où fleurissent la piété et les bonnes mœurs, la confession et la communion des enfants sont non seulement fréquentes, mais très fréquentes. Au collège Stanislas qui compte 1.200 élèves, l'abbé de Lagarde, directeur, et Mgr de Ségur, confesseur, avaient introduit la confession et la communion de tous les huit jours pour la plus grande partie des élèves, surtout dans la division des grands. Il y a des collèges tenus par les Jésuites, où l'on communie non seulement tous les dimanches, mais plusieurs fois dans la semaine. Un saint prêtre de Marseille, directeur d'une œuvre de jeunesse, l'abbé Allemand, disait que pour beaucoup de jeunes gens la confession devait revenir tous les deux ou trois jours, presque tous les jours, si on voulait les corriger de leurs mauvaises habitudes; avec une confession de chaque semaine et surtout de chaque quinzaine, on n'en pourrait presque pas venir à bout, ou seulement après bien longtemps. Le célèbre Don Bosco n'avait pas d'autre levier pour agir sur ses enfants, en dehors de sa bonté et de son tendre dévouement, que la confession et la communion de tous les huit jours et quelquefois plus souvent. Il en a fait une règle absolue pour tous ses collaborateurs, et ses successeurs continuent sa méthode. On lisait dernièrement un compte rendu d'une chose encore plus merveilleuse. Au collège de Dôle, tenu par les PP. Jésuites, ce n'est pas seulement tous les huit jours, c'est plusieurs fois par semaine que les élèves communient, et dans la division des grands la plupart communient tous les jours. Oui, tous les jours, plus souvent que vous et que beaucoup d'autres religieuses; mais ce n'est pas trop souvent pour eux, si cela les préserve du péché grave et les maintient en état de grâce.

Vous me direz : « Nous ne pourrions pas envoyer nos enfants se confesser ni communier si souvent : cela ne serait pas possible. » — C'est vrai. Dans la plupart de vos maisons, là où vous avez des écoles communales, vous ne pouvez envoyer vos enfants à confesse que quand *les prêtres,* curés ou catéchistes, veulent les confesser. Or, si les enfants sont nombreuses, ils trouvent que c'est déjà assez tous les mois, tous les deux mois, ou même tous les trois mois, quelquefois même une fois ou deux fois par an. A cela vous ne pouvez pas remédier toutes seules, c'est un malheur. Cependant vous devez prier Dieu pour qu'il inspire des sentiments de zèle et de vraie charité aux prêtres qui sont les pères de ces enfants et qui ont, plus encore que vous, le devoir de les retirer du péché ou de les maintenir pures. Et quand vous avez bien prié Dieu, vous pouvez aussi prier les prêtres de faire plus que ce que les règlements leur commandent, afin de ressembler à Notre-Seigneur qui a fait pour nous racheter beaucoup plus que ce qu'il aurait été obligé de faire. — Et puis, si vous ne pouvez pas obtenir que les prêtres confessent tous les enfants plus fréquemment qu'ils ne le font, vous pouvez au moins leur demander cela comme une grâce pour celles qui en ont le plus besoin : vous les préparez alors et vous les envoyez recouvrer au saint tribunal la pureté de la conscience et la paix du cœur; et si le prêtre leur permet en outre la sainte communion, vous avez l'assurance qu'elles seront au moins pendant quelque temps plus en état de résister aux tentations et de se conserver pures. — Dans vos pensionnats, là surtout où vous avez des aumôniers zélés, la confession de chaque semaine ou de chaque quinzaine ne souffre aucune difficulté, bien qu'elle ne soit de règle que tous les mois. C'est alors l'affaire des maîtresses de porter celles de leurs enfants qui en ont besoin à s'en approcher tous les huit jours, ou au moins tous les quinze jours. Croyez bien qu'il n'y a que ce moyen qui soit efficace pour corriger les enfants déjà atteintes par le vice. Aucun autre n'est suffisant par lui-même, et tous les autres ensemble ne valènt pas celui-là.

Il est vrai qu'il y a encore des difficultés pour la confession et la communion fréquentes, non seulement de la part des prêtres, quelquefois trop chargés de besogne, mais aussi de la part des maîtresses et surtout de la part des parents.

De la part *des maîtresses :* car il y en a quelquefois qui croient que la confession est une faveur et qu'elle doit être accordée aux enfants sages comme une récompense, et refusée aux autres comme punition. C'est justement le contraire de la réalité. De la communion cela se comprendrait encore jusqu'à un certain point, elle ne doit pas être accordée indistinctement aux enfants méchantes comme aux enfants bonnes. Mais cela, c'est l'affaire du confesseur et non pas la vôtre. Pour la confession, au contraire, ce sont les enfants méchantes qui en ont le plus besoin et qui doivent y être le plus engagées; les enfants bonnes et pieuses y seront naturellement portées par elles-mêmes; les autres ont besoin d'être, non pas forcées, mais stimulées par toute sorte d'exhortations douces et d'instances maternelles. Il ne faut pas dire : « Mais les enfants ne reviennent pas meilleures de la confession ni de la communion, elles sont toujours aussi légères, indisciplinées, paresseuses, il vaudrait mieux qu'elles n'y aillent pas si souvent et qu'elles y portent plus de dispositions. » On voit bien, mes chères sœurs, que vous ne voyez que l'extérieur. L'extérieur vous choque à cause des défauts qui ne se corrigent pas (comme si vous vous corrigiez vous-mêmes des vôtres après chaque confession et chaque communion !), et à cause de cela vous croyez que la confession et la communion n'ont rien fait. Ignorantes ! Est-ce que ces défauts ne sont pas un accessoire dans l'âme d'un enfant ? est-ce que le principal n'est pas l'état de grâce et l'amour de Dieu ? La correction des défauts, c'est votre affaire, mettez-y toute la patience et le temps nécessaires ; quant à la confession et à la communion, leur affaire c'est de produire ou d'augmenter la grâce sanctifiante, et par surcroît d'aider à corriger les défauts. Les défauts peuvent rester les mêmes, ou à peu près, après chaque confession et chaque communion : qu'est-ce que cela prouve, si l'enfant a tout de même recouvré la grâce sanctifiante qu'elle avait perdue, ou si elle a renouvelé et fortifié sa résolution de ne jamais pécher mortellement ? Est-ce que cet effet n'est pas mille fois préférable à la correction d'un défaut qui laisserait subsister l'état de péché mortel ? Jugez donc les choses d'après la foi et non d'après la nature. Sans doute, il vous serait bien plus agréable, naturellement, d'avoir des enfants douces, polies, respectueuses, appliquées, quand même elles seraient souillées intérieurement par le mal impur ; mais est-ce là ce que Dieu attend d'elles et de vous ? Est-ce là ce qui peut procurer sa gloire et le salut des enfants, et même votre propre salut ? Et si, parce que les enfants ne se corrigent pas de leurs défauts, vous vouliez les empêcher de fréquenter les sacrements, pour les punir, ne seriez-vous pas cause qu'elles croupiraient peut-être de longues semaines dans l'état de péché mortel, et que par suite elles accumuleraient une multitude de péchés dont une bonne confession, faite à temps, les aurait préservées ?

Ne croyez donc jamais que la confession et

la communion n'ont rien fait, parce que les enfants ont toujours les mêmes défauts. Sans doute, vous devez vous servir de la confession et de la communion comme d'un motif très puissant pour les amener à se corriger de leurs défauts. Vous devez leur reprocher le peu d'amélioration qu'on voit en elles après la réception des sacrements, leur faire craindre qu'elles ne s'en approchent pas convenablement, si elles n'en retirent pas plus de fruits. Mais quand vous avez fait cela, tenez-vous en paix et ne croyez pas que les sacrements ont été pour cela sans efficacité. Si ce n'est pas à l'extérieur, c'est à l'intérieur qu'ils ont opéré, ils ont peut-être entièrement transformé les âmes de ces enfants ; d'ennemies de Dieu, qu'elles étaient peut-être, ils en ont fait des amies et des enfants de Dieu ; de repaires du démon, ils en ont fait des tabernacles du Dieu trois fois saint, des sanctuaires du Saint-Esprit ; d'êtres avilis, tout noirs et tout souillés par le péché, ils en ont fait des âmes pures et éblouissantes de blancheur, sous l'action du sang divin qui les a purifiées. N'est-ce donc rien que cela ? Et qu'est-ce que les défauts qui restent encore, après cela, sinon des ombres que Dieu laisse à dessein pour faire mieux ressortir la lumière du tableau, c'est-à-dire la grâce sanctifiante, accordée gratuitement à ces enfants, malgré leurs imperfections? Faites tout votre possible pour que ces défauts eux-mêmes disparaissent et ne contrastent pas avec l'état de grâce recouvrée, faites tout votre possible pour que leurs dispositions à la confession et à la communion soient aussi parfaites que possible, mais ne croyez pas qu'elles le seraient davantage si vous les faisiez attendre pour se confesser et pour communier; et même si elles ne vous semblent pas très bien disposées, laissez-en le jugement au prêtre, et ne vous permettez jamais d'intervenir pour interdire par exemple à des enfants la sainte communion que leur confesseur leur a permise, à moins qu'elles n'aient réellement commis, depuis leur confession, une faute très grave et qui demande réparation publique à cause du scandale public; et encore, si la réparation pouvait se faire d'une autre manière, n'infligez pas la privation de la communion, si les enfants se soumettent à ce que vous leur direz.

C'est, du reste, la même chose pour les

Sœurs : plutôt que de les priver d'une communion, il vaudrait mieux leur faire demander pardon publiquement, les faire manger à genoux au milieu du réfectoire, ou même les priver entièrement de dîner, si elles y consentaient, que de les éloigner de la sainte Table, parce que la perte d'une communion est un mal incomparablement plus grand que la privation d'un repas ou l'humiliation d'une pénitence publique.

Telle est l'idée que vous devez vous faire de l'action des sacrements par rapport à vos enfants. Efforcez-vous d'en favoriser la fréquentation le plus possible, ne l'entravez jamais parce que vous n'êtes par contentes d'elles, ne dites pas que le confesseur est trop indulgent, qu'il absout trop facilement, qu'il permet trop souvent la sainte communion. Tant qu'il n'aura pas dépassé par l'absolution les 70 fois 7 fois que Notre-Seigneur a fixées comme limite approximative à saint Pierre, et tant qu'il n'aura pas permis la communion plus d'une fois par jour, il n'a pas été au delà de ce que Notre-Seigneur aurait fait lui-même ; par conséquent, ce n'est pas à vous à le blâmer, c'est à vous, au contraire, à favoriser son action et à seconder ses efforts en vous efforçant de disposer vos enfants le mieux possible à la confession et à la communion, et en leur faisant tirer le plus de fruits possible de ces deux sources de grâce et de vie.

Outre les difficultés qui viennent des confesseurs, et quelquefois des maîtresses, relativement à la confession fréquente des enfants, il y en a aussi qui viennent *des parents*. Il y a des parents qui, tout en mettant leurs enfants en pension chez des religieuses, craignent qu'on ne leur donne une éducation trop religieuse, qui stipulent d'avance qu'elles ne doivent pas devenir trop pieuses et qui pour cela recommandent qu'on ne les fasse pas se confesser et communier trop souvent.

Quand des parents remplis de préjugés font de telles recommandations, vous n'avez qu'à leur répondre tout simplement que vous ne forcez jamais vos élèves à se confesser ni à communier, qu'il y a bien une règle générale que les enfants aillent se confesser tous les mois parce qu'il faut bien de l'uniformité dans une maison d'éducation, mais que pour la communion elle n'est pas obligatoire, et que, dans l'intervalle, vous laissez les enfants entièrement libres d'y aller plus souvent ou de n'y pas aller, selon qu'elles en sentent elles-mêmes le besoin ou le désir.

Si les parents insistent, en disant que vous devriez leur défendre d'y aller plus souvent que tous les mois, répondez que vous ne vous reconnaissez pas le droit de vous ingérer dans les affaires de leur conscience; c'est un droit qui n'appartient à personne, pas plus à vous qu'aux parents eux-mêmes. Dieu ayant créé ces enfants pour lui et les ayant créées libres, personne ne peut s'interposer entre lui et elles pour les empêcher de faire ce que Dieu veut. C'est la réponse que déjà donnait saint Pierre aux princes des prêtres : Jugez vous-mêmes s'il convient que nous vous obéissions plutôt qu'à Dieu. Si donc les enfants désirent elles-mêmes recevoir les sacrements plus souvent, et si leur confesseur le leur permet, vous ne pouvez pas les en empêcher, parce que ce serait un abus de pouvoir, un acte d'arbitraire et de tyrannie. — Par là les parents comprendront, sans que vous le leur disiez vous-mêmes, qu'ils n'ont pas ce droit non plus, et qu'ils abuseraient de leur autorité s'ils voulaient détourner leurs enfants de la fréquentation des sacrements.

Ajoutez, du reste, si vous le voulez, que vous avez toujours remarqué que plus les enfants sont naturellement bonnes, plus elles aiment à s'approcher des sacrements, et que plus elles les fréquentent, plus elles deviennent bonnes et exemplaires, par conséquent que vous ne voudriez pas condamner celles des enfants qu'on vous recommande, à rester inférieures aux autres, en les privant du moyen le plus efficace de les rendre bonnes.

Si les parents objectent que de retour à la maison les enfants ne pourront plus fréquenter les sacrements comme au pensionnat, répondez que vous n'êtes plus responsables de vos enfants une fois qu'elles vous ont quittées, la responsabilité pèse alors sur les parents qui doivent procurer à leurs enfants tous les moyens de se maintenir bonnes, ou de devenir meilleures, qui par conséquent doivent favoriser la fréquentation des sacrements, au lieu de l'entraver; mais que, quelles que soient les intentions des parents à l'égard de leurs enfants une fois qu'ils les auront chez eux, vous, vous êtes bien résolues à les rendre aussi bonnes que possible, d'abord pour le bien des enfants elles-mêmes, puis pour la consolation des parents, enfin pour l'édification de leurs compagnes et la bonne renommée de votre maison, et que pour toutes ces raisons vous ne voulez pas et vous ne pouvez pas empêcher celles de vos enfants qui veulent être plus pieuses, de fréquenter les sacrements plus souvent que le règlement ne le prescrit. Devant ces arguments, il sera bien difficile que les parents fassent encore de l'opposition ; vous aurez assuré à vos enfants et à vous-mêmes la liberté de servir le bon Dieu comme il veut, et ce sera un immense service rendu aux enfants qui s'enhardiront peut-être par là à revendiquer aussi plus tard la liberté de faire le bien.

Lorsque les parents sont dans l'endroit même où vous êtes, et qu'ils gardent leurs enfants chez eux, vous ne pouvez pas sans doute entrer en lutte avec eux pour les forcer à accorder à leurs enfants la liberté de fréquenter les sacrements, même quand cela serait très utile ou nécessaire à ces enfants. Vous ne pouvez que faire des représentations bienveillantes à ces parents, et leur montrer avec discrétion et prudence l'avantage qu'il y aurait pour leurs enfants à être traitées autrement. Si vous êtes bien pénétrées de votre sujet, le cœur vous rendra éloquentes et peut-être obtiendrez-vous que les parents se relâchent de leur rigueur inconsidérée. Mais si vous ne le pouvez pas, du moins vous ne serez pas responsables du tort fait aux enfants par leurs parents aveugles; vous gémirez, vous prierez, vous ferez prier vos enfants, et s'il plait à Dieu, peut-être finirez-vous par obtenir une permission longtemps refusée. La correction et le salut de vos enfants sont à ce prix, quand elles ont à lutter contre le vice impur.

Faites donc tout votre possible pour leur procurer le grand secours des sacrements, et ne croyez pas que vous puissiez réussir à les corriger autrement : c'est impossible.

II. Voilà, mes chères Sœurs, de bien longs développements sur un seul point de notre sujet, mais c'est que ce point est un point capital; si vous l'avez gagné, vous avez tout gagné. Alors vous ne vous étonnerez pas que nous ne développions pas le reste de notre sujet. Nous avions dit tout à l'heure que dès lors que vous étiez parvenues à découvrir, peu importe comment, des signes du vice impur dans quelques-unes de vos enfants, un double devoir s'imposait à vous : d'abord empêcher ce mal de se communiquer à d'autres, ensuite travailler à en guérir les enfants qui en seraient atteintes. Or tout ce que nous avons dit a seulement trait à la manière de les en guérir, c'est pourquoi nous avons indiqué les moyens naturels d'abord et ensuite les moyens surnaturels par lesquels on peut agir sur les enfants pour les corriger de ce vice. Seulement, remarquez que si vous parvenez à guérir par ces moyens les enfants que le mal a atteintes, vous avez par là même apporté un obstacle radical à la propagation de ce mal : si les enfants n'en sont plus infectées, elles n'en infecteront pas les autres ; par conséquent vous aurez fait d'une pierre deux coups : vous aurez guéri les enfants dans lesquelles se trouvait le mal, et vous aurez empêché les autres de se laisser atteindre par la contagion. Ceci suppose que vous traiterez chaque enfant malade à part ; en effet, il faut prendre à part ces pauvres enfants et leur témoigner d'autant plus de bonté, d'intérêt, de compassion, qu'elles sont plus malheureuses, c'est le seul moyen de gagner leur cœur et d'y faire renaître l'amour du bien et l'horreur du mal.

Mais cela suppose aussi, en second lieu, que ces enfants, quoique déjà coupables, sont encore susceptibles de se convertir et qu'elles ne sont pas un danger permanent pour les autres. Si les enfants sont tellement gâtées que tout ce qu'on peut leur dire ou leur faire, reste sans effet, et si d'autre part elles sont une cause de perdition pour les autres, en ce qu'elles cherchent à leur communiquer, par leurs paroles ou par leurs exemples, la contagion du mal, il n'y a pas à hésiter alors : le salut de la communauté passe avant celui d'une seule âme, il faut sacrifier le membre pourri pour conserver les autres. Dans ces cas, l'expulsion s'impose, quels que soient du reste les égards que l'on doive à la famille de l'enfant, à ses protecteurs, et quel que soit aussi l'intérêt que l'on porte à l'âme de l'enfant. On peut conserver de l'affection et continuer à faire du bien après sa sortie à une enfant expulsée, car elle a toujours une âme à sauver, mais on ne peut pas la garder dans une maison quand sa présence est un danger pour les autres ; c'est une affaire de conscience. Si vous exposiez les autres enfants à être gâtées par elle, tous les parents pourraient vous demander compte des âmes de leurs enfants que vous auriez compromises par votre faiblesse, et Dieu lui-même vous demanderait comme à Caïn ce que vous avez fait de ses enfants. Donc il n'y a pas à hésiter alors : s'il y a vraiment danger, il ne reste, pour préserver les autres enfants, que l'expulsion des coupables. S'il n'y a pas encore danger pour les autres, que le mal soit purement personnel, il faut le guérir.

Ces deux moyens, l'expulsion d'un côté, la guérison de l'autre, sont la seule alternative qui reste aux maîtresses à l'égard de leurs enfants coupables ; ils sont radicaux l'un et l'autre, mais il est de beaucoup préférable que l'on n'ait à recourir qu'au second, c'est-à-dire à la guérison. C'est à quoi vous vous employez déjà depuis longtemps avec zèle, patience, douceur et fermeté, et c'est à quoi vous devez travailler toute votre vie, sans jamais vous lasser ni vous décourager.

Quelle belle couronne sera la vôtre, si vous

avez réussi à conserver à l'âme de vos enfants l'innocence de leur baptême, ou à leur rendre l'éclat de leur première pureté, par le soin que vous aurez mis à les relever de leurs chutes et à les purifier de leurs souillures par vos douces et maternelles exhortations, par vos prières, et par les sacrements dont vous leur aurez recommandé et facilité l'usage ! Dans l'éternité, ces âmes formeront votre couronne, et elles ne pourront jamais assez vous remercier des services que vous leur aurez rendus ; non seulement elles, mais leurs anges gardiens, mais leurs saints patrons et patronnes, mais la très sainte Vierge Marie leur mère, mais Notre-Seigneur Jésus-Christ lui-même, leur rédempteur et le vôtre, vous remercieront de leur avoir conservé ou de leur avoir rendu ces perles précieuses qui, sans vous, seraient restées ensevelies dans la fange, et qui, grâce à vous, brilleront comme autant d'étoiles dans les éternités sans fin, *in perpetuas æternitates*. Animez-vous par cette espérance, mes chères Sœurs, et ne cessez jamais de travailler pour les âmes et pour Dieu.

Cinquième Conférence.

LA CLASSE AU POINT DE VUE DE LA PRÉSERVATION

Dans notre dernière conférence, nous traitions des moyens à employer pour guérir les enfants atteints du vice impur, et pour les empêcher de répandre ce mal autour d'eux. Nous allons vous parler maintenant de la manière de *préserver* ceux qui n'en seraient pas encore atteints.

Avant tout, il faut expliquer ce que nous entendons par « préserver les enfants du péché impur. » 1° Est-il possible d'empêcher qu'ils en aient jamais la connaissance? 2° S'ils en ont déjà quelque idée, est-il possible d'empêcher qu'ils aient aucune inclination pour lui; et s'ils ont déjà de l'inclination pour ce péché, est-il possible d'empêcher qu'ils ne s'y laissent aller plus ou moins complaisamment ? 3° S'ils ont déjà eu le malheur d'en goûter la saveur empoisonnée, est-il possible de leur en inspirer le dégoût et de les empêcher d'y retomber jamais ? C'est tout cela que nous entendons par « préserver les enfants du péché impur. »

I. — Est-il possible d'empêcher que les enfants aient jamais connaissance du péché impur ?

Si nous étions encore dans le paradis terrestre avant la chute originelle, ce serait possible. Nos premiers parents se promenaient tout nus sous les ombrages de l'Eden, et leur innocence était telle qu'il ne leur venait pas à l'esprit la moindre mauvaise pensée. Mais par la chute originelle, une révolution s'est opérée dans l'homme : les sens, qui devaient rester soumis à la raison, se sont révoltés contre elle, comme elle-même se révoltait contre Dieu, et dès lors toutes les fois qu'ils voient quelque chose qui les sollicite en leur promettant une jouissance, ils veulent à toute force se procurer cette jouissance, sans s'inquiéter si Dieu la permet ou la défend. Or, parmi les jouissances réservées aux sens, il n'en est pas de plus dangereuse, de plus séduisante, de plus passionnante que celle du plaisir impur. L'enfant la connait ou du moins la soupçonne dès que son âme s'ouvre aux impressions des objets extérieurs. De sorte que, dès l'âge de sept ou huit ans, quelquefois même de quatre ou cinq ans, il a une vague idée de ce que les jouissances impures peuvent procurer de plaisir, et s'il a vu ou entendu quelque chose dans ce sens-là, cette idée vague qu'il avait, revêt un caractère plus net et plus précis, et il sait de très bonne heure qu'il y a là quelque chose qui est mal, mais qui est une source de jouissances pour les personnes plus âgées, et il se sent porté à en faire l'essai pour savoir lui-même ce qu'il en est.

Ainsi donc, avec l'état de péché originel où nous naissons et la concupiscence qui en est la suite, il est pour ainsi dire impossible, malgré toute la vigilance que l'on peut employer, d'empêcher que la connaissance ou du moins le soupçon du mal vienne à l'enfant. S'il n'en entendait parler par personne, il en aurait l'idée par lui-même ou par la suggestion du mauvais esprit.

Mais de plus, avec l'état où est la société en général, il est à peu près impossible de trouver un lieu où un enfant puisse être préservé de toute impression fâcheuse venant de ce qu'il voit et de ce qu'il entend. Même dans les familles les plus chrétiennes, il y a presque toujours des paroles ou des actes imprudents qui donnent l'éveil à sa curiosité, sinon de la part des parents, souvent de la part des serviteurs ou des connaissances et des amis. De sorte que, pour trouver un enfant qui à l'âge de sept ans, huit ans, dix ans, ne connût pas ou ne soupçonnât pas le mal, il faudrait, pour ainsi dire, sortir du monde. Pour prolonger cette ignorance jusqu'à l'âge adulte, il faudrait une éducation tout à fait exceptionnellle; une nature exceptionnelle, comme celle de saint Bonaventure qui, au dire de ses frères, semblait n'avoir pas péché en Adam; un milieu exceptionnel, comme la compagnie constante de religieuses et d'enfants très purs, sans aucune relation avec des personnes d'autre sexe, ni avec les personnes du monde en général. Ainsi, je me rappelle avoir lu l'histoire d'une religieuse de sainte Claire d'Assise qui, vivant à Rome jusqu'à l'âge de dix-huit ou vingt ans, savait si peu ce qu'est le mal, que son confesseur lui demandant un jour si elle ne voudrait pas faire le vœu de virginité, elle lui répondit : « Cela m'est tout à fait égal. Je puis aussi bien porter des robes grises que d'une autre couleur. » Elle croyait que faire le vœu de virginité c'était simplement s'engager à porter des robes grises [1].

Evidemment, de tels cas sont une exception extrêmement rare. La règle, c'est que l'enfant, quelquefois de très bonne heure, mais au moins à partir de sept ou huit ans, dix ans au plus, arrive peu à peu, soit par lui-même, par le développement spontané de sa nature sensible, soit par les rapports qu'il a avec d'autres personnes plus instruites que lui, à avoir d'abord une certaine idée vague, puis une connaissance plus explicite de ce qui est mal et qui constitue le péché impur.

Chez les enfants bien nés et bien élevés, cette idée vague et ensuite cette connaissance

[1] Clara Maria Cherubini.

plus explicite sont toujours accompagnées d'un sentiment de malaise et de honte qu'on appelle la pudeur. C'est le même sentiment qu'éprouvèrent nos premiers parents, lorsque, à l'approche de Dieu qui venait leur reprocher leur faute, ils se cachèrent dans les broussailles, parce qu'ils se sentaient honteux d'être nus. — L'idée ou la connaissance du mal, lorsqu'elle est accompagnée du sentiment de la pudeur qui la neutralise, n'est pas un mal : il faut, dans tous les cas, qu'elle se produise tôt ou tard. Il y a seulement à craindre qu'elle ne se produise trop tôt, lorsque le sentiment de la pudeur n'a pas encore été assez développé ; dans ce cas, en effet, elle apporte avec elle un attrait pour le mal, qui, n'étant pas combattu par la pudeur, peut influencer l'enfant d'une manière très fâcheuse et le porter peut-être pour longtemps à la recherche des plaisirs défendus. Si, au contraire, avant que l'idée du mal ne soit encore venue à l'enfant, le sentiment de la pudeur a été développé en lui par les sages précautions de ses parents ou de ceux qui l'élèvent, cette idée du mal le trouvera déjà armé pour le combattre, et au lieu de chercher à la développer par ses recherches ou ses questions, il rougira même du peu qu'il sait et il fera son possible pour l'oublier ou n'y plus penser. Il sera même beaucoup plus porté à fuir le mal et à aimer la vertu, parce qu'il saura qu'il pourrait être amené à faire le mal et à perdre la pureté, que s'il n'en avait pas encore le soupçon. C'est ainsi que les saints, dès qu'ils avaient une légère idée du mal, le détestaient bien plus qu'auparavant, et se donnaient bien plus résolument et plus délibérément à l'amour de Dieu et de la pureté.

Sainte Catherine de Sienne faisait le vœu de chasteté perpétuelle à sept ans, saint Louis de Gonzague à neuf ans, d'autres saints encore plus tôt. Pourquoi cet amour si précoce pour la belle vertu, et pourquoi cet engagement à la garder toujours ? Précisément parce qu'ils avaient entrevu qu'ils pouvaient la perdre, et que le mal dont ils avaient vu ou soupçonné quelque chose, leur avait inspiré une bien plus grande répugnance quand ils avaient su qu'ils étaient capables de le commettre.

Ainsi la première notion du mal, quand

elle est précédée ou accompagnée d'un vif sentiment de pudeur, n'est pas un mal, au contraire. Elle n'est un mal que quand elle ne trouve pas un correctif ou un contrepoids suffisant dans ce sentiment de la pudeur déjà développé, et aussi dans le sentiment de la crainte de Dieu, inspiré par la foi.

Que faut-il donc faire relativement aux enfants dont on craint qu'ils n'aient déjà ou qu'ils n'aient bientôt l'idée ou la connaissance du mal? Faut il faire le possible et l'impossible pour les empêcher d'arriver à cette connaissance, ou bien faut-il, au contraire, sachant qu'on ne pourrait pas l'empêcher, les prémunir contre le mal, en leur en inspirant l'horreur avant même qu'ils ne le connaissent? Evidemment, c'est ce second moyen qu'il faut adopter. Le premier serait une duperie.

Bien des parents n'osent pas prononcer le moindre mot qui pourrait mettre en garde leurs enfants contre le mal, parce qu'ils craignent de leur en donner l'idée ; ils ne veulent pas non plus que les prêtres, les confesseurs, les catéchistes y fassent la moindre allusion, parce qu'ils s'imaginent que leurs enfants seraient instruits par là de ce qu'ils ignorent. Très souvent ils se font illusion. Leurs enfants sont beaucoup plus instruits qu'ils ne le croient, mais ils jouent l'ignorance la plus complète, parce qu'il leur plaît de laisser leurs parents dans la bonne opinion qu'ils ont de leur innocence. « Ce sont de petits anges », ont dit les parents, et les enfants qui ne tiennent pas à ce qu'on les connaisse trop tôt pour ce qu'ils sont, affectent en effet d'être des anges, tout en riant en dessous du peu de clairvoyance de leurs parents. C'est là l'inconvénient de l'infatuation des parents par rapport à leurs enfants, qui à leurs yeux ont toutes les qualités et n'ont pas même le germe ni la moindre idée du vice.

Mais laissant à part cette infatuation, et en supposant même que les parents aient raison de croire que leurs enfants ne connaissent pas du tout le mal, c'est cependant un très grand tort de leur part de ne pas vouloir qu'on leur inspire par avance l'horreur du mal, sous prétexte que cela le leur ferait connaître trop tôt.

Il y a une manière de donner aux enfants une idée du mal sans le leur expliquer, et cependant de leur en inspirer l'horreur, par le fait même qu'on excite en eux et qu'on développe le sentiment de la pudeur et le sentiment de la foi. On peut veiller par exemple très attentivement à ce qu'ils ne se montrent jamais d'une manière peu modeste, ne pas permettre qu'ils se regardent ni qu'ils se touchent d'une manière indécente, et lorsqu'ils voudraient le faire sans mauvaise intention, leur en faire honte et par là même leur en inspirer l'horreur. « Ce n'est pas bien ce que vous faites là. C'est contraire à la modestie, aux convenances. Cela ne pourrait pas se faire devant une personne que vous respectez, cela ne doit pas se faire non plus en présence de Dieu et de ses anges. » Ces enseignements donnés de bonne heure se gravent dans l'âme des enfants et leur inspirent une véritable répugnance pour tout ce qui blesserait la pudeur et la belle vertu. De même, on peut leur faire honte d'une parole grossière ou trop libre qu'ils auraient dite ou que d'autres auraient dite en leur présence. Cela leur inspire une grande retenue dans leurs paroles. Ils répètent quelquefois des paroles qu'ils ont entendues sans les comprendre ; si on les en fait rougir, tout en ne les comprenant pas encore, ils auront honte de ce qu'elles peuvent exprimer, et plus tard, ce sentiment de honte contrebalancera ou détruira même l'attrait qu'ils pourraient trouver dans le mal une fois compris. Il faut donc s'attacher à inspirer d'avance aux enfants l'horreur du mal qu'ils ne connaissent pas encore, pour que, quand ils le connaîtront, leur premier sentiment de répugnance les prémunisse contre lui.

Pour cela, il faut se servir d'expressions assez générales pour ne pas leur donner l'idée d'un mal en particulier, mais assez claires cependant pour qu'ils sachent qu'il s'agit d'un mal contre la modestie ou contre la pureté, et qu'ils s'habituent ainsi à regarder ce mal comme un de ceux qui sont les plus honteux pour l'homme et les plus désagréables à Dieu. Avec cette persuasion, ils ne courront pas le risque de se laisser séduire comme d'autres enfants par les premières apparences du mal ; au contraire, leur première impression sera de s'en détourner avec dégoût, ou d'y résister avec vigueur ; et si l'éducation religieuse vient en aide à leur nature déjà portée au bien et répugnant au mal, ils pourront traverser les orages de la vie sans en souffrir, parce que chaque connaissance nouvelle qu'ils acquerront du mal dans les autres, leur en inspirera plus d'horreur et de honte, en même temps que plus de frayeur pour eux-mêmes. C'est dans ce sens-là qu'il faut modifier l'attitude de ces parents et de ces maîtresses qui voudraient endormir leurs enfants dans une perpétuelle ignorance du mal : ignorance qui n'est pas possible, et qui serait désastreuse. Il faut que les enfants soient préparés par avance à la connaissance qu'ils acquerront tôt ou tard, par de sages avertissements qui, sans leur expliquer le mal en détail, leur en inspireront l'horreur et leur feront prendre la résolution de l'éviter comme le plus grand et le plus redoutable des dangers.

II. — Est-il possible d'empêcher que les enfants aient de l'inclination pour le péché impur ?

Il est donc hors de propos de vouloir éterniser l'heureuse ignorance des enfants pour le mal. Tant qu'ils l'ignorent, il faut se garder de le leur faire connaître par des paroles imprudentes ou des actions inconsidérées, capables d'éveiller leur curiosité et de leur donner l'attrait du fruit défendu. Mais comme on doit nécessairement prévoir que cette connaissance se produira un jour ou l'autre, soit spontanément, soit par l'exemple ou les paroles d'autrui, il faut les y préparer avec précaution, en le leur faisant détester et redouter d'avance comme un grand mal, pour qu'ils ne s'y sentent pas portés quand ils le connaîtront. Mais si malheureusement ces précautions n'ont pas été prises et que la connaissance du mal leur soit venue avant qu'on les ait prémunis contre lui, peut-on empêcher qu'ils aient de l'inclination pour lui ?

Cela dépend des enfants et encore plus des parents. Si les enfants sont bien nés, si leurs parents sont vertueux et chrétiens, il est possible que la première connaissance du mal n'exerce pas sur ces enfants privilégiés la même attraction que sur la généralité des enfants de leur âge. Au lieu de se sentir attirés vers lui, ils éprouveront plutôt de la honte et du malaise, et si on les a habitués à être bien ouverts et à ne rien cacher à leur mère ou à leur maîtresse, de ce qui se passe en eux, ils diront ingénument ce qu'ils ont vu ou entendu ou éprouvé, et alors il sera facile à une mère ou à une maîtresse qui a conscience de ses devoirs, de les mettre en garde contre ce mal qui menaçait de faire invasion dans leurs âmes et peut-être de les empoisonner pour toujours.

Malheureusement, tous les enfants ne sont pas ainsi : ils n'ont pas tous cette ouverture de cœur qui leur fait tout dire à leur mère, ni non plus cette horreur instinctive pour le mal qui le leur fait redouter au lieu de le rechercher. Au contraire, la plupart sont instinctivement portés au mal, soit par suite du péché originel, commun à tous, soit par suite des inclinations vicieuses qu'ils ont héritées de leurs parents. De plus, ils sont tous portés à cacher à leurs parents ou à leurs maîtres ce qui leur fait honte à eux-mêmes, de sorte que s'ils ont ressenti les premières impressions du mal, ils s'efforceront presque toujours de les cacher soigneusement et de donner là-dessus le change à leurs parents en se faisant croire pleins de candeur et d'innocence, tandis qu'ils seront déjà très instruits et peut-être même corrompus.

Dans ce cas, on ne peut pas procéder avec la même sûreté de main ; on ne peut guère aller qu'à tâtons avec eux : par exemple, s'efforcer de savoir jusqu'où va leur connaissance du mal et jusqu'où ils s'y sentent portés.

S'ils n'ont encore éprouvé que quelques impressions fugitives, par suite de paroles ou d'actions imprudentes dont ils ont été témoins, il n'est pas très difficile de combattre ces impressions et de les détruire en leur montrant combien ce vice est laid, combien il est honteux et combien il déplait à Dieu. Pour cela, les considérations de l'ordre naturel doivent aller de pair avec celles de l'ordre surnaturel. On doit s'efforcer d'accroître en eux le sentiment de la pudeur, par conséquent leur faire honte de ce qu'ils savent et de ce qu'ils seraient portés à aimer, et en même temps le sentiment de la foi qui leur montre Dieu condamnant ce mal et prêt à le punir par de terribles châtiments, soit dans cette vie, soit dans l'autre.

Si les impressions faites par le mal ont été plus profondes et si elles ont déjà opéré des ravages dans le cœur des enfants, il est plus difficile de les détruire. Cependant on le peut encore. On peut être plus explicite qu'avec des enfants qui ne connaissent encore qu'imparfaitement ou superficiellement le mal; on peut appeler les choses par leur nom et leur dire que telle chose qu'ils ont vue ou entendue est non seulement une inconvenance, mais encore un péché grave de sa nature et honteux, et qu'ils ne doivent jamais se permettre ni de la faire, ni de la dire, ni même d'y penser ou de la désirer.

Si leur connaissance du mal va déjà très loin et que leur penchant au mal soit en proportion, il n'est pas nécessaire d'entrer dans le détail de ce qui est mal, mais il ne faut négliger aucune occasion de stigmatiser le mal d'une manière générale. Chaque fois qu'on en dira un mot ou qu'on y fera même simplement allusion, cela excitera en eux une appréhension et une confusion visibles, ils craindront qu'on ne les reconnaisse; à moins qu'ils ne soient déjà très corrompus, ils ne pourront s'empêcher de rougir, et chaque fois qu'on les fait rougir, on réveille et on fortifie en eux le sentiment de la pudeur, qui autrement s'affaiblirait, s'ils n'entendaient rien de ce qui peut l'entretenir. C'est ce sentiment qui forme le contrepoids naturel le plus efficace au penchant inné que nous avons pour le mal; il faut donc saisir toutes les occasions pour le stimuler et pour lui donner la force de dominer l'attrait du mal.

Autant il faut être sobre d'allusions au mal impur avec les enfants qui l'ignorent encore, afin de ne pas le leur faire connaître prématurément, autant il faut les multiplier et les répéter avec les enfants qui le connaissent déjà et desquels on peut présumer qu'ils y ont de l'inclination. Avec les premiers on ne peut dire qu'un mot vague et général, quand l'occasion en est fournie par quelque circonstance extérieure; avec les seconds, on peut en parler très souvent, à tout propos et à propos de tout, et toujours dans l'intention d'en inspirer de l'horreur et un salutaire effroi, et on remarquera chaque fois que ce que l'on dit porte coup. Les enfants suspects seront tout à coup attentifs, ils rougiront de ce que l'on dit, ils trembleront qu'on ne les découvre ; ils souffriront de cet état de malaise et d'inquiétude, et pour cela ils seront portés à détester ce mal qui leur fait passer des quarts d'heure si désagréables. C'est donc là un moyen de les en préserver, quelque inclination qu'ils puissent avoir déjà pour lui. Si, au contraire, on n'en parlait jamais, le mal continuerait ses ravages en silence, et comme les enfants qui y sont portés trouveraient non seulement en eux, mais encore à côté d'eux mille excitations dangereuses et malsaines, ils en arriveraient non seulement à ne plus le redouter, mais même à ne plus en rougir, à ne plus le regarder comme un mal. Alors leur perte serait bien près d'être consommée. C'est ce qui fait que Dieu condamne si énergiquement le silence de ceux qui devraient parler, avertir, instruire, menacer, punir, et qui se taisent ; il les appelle « des chiens muets qui ne savent pas aboyer. »

Il ne faut pas que nous soyons cela, mes chères Sœurs, ni vous, ni nous, ni les maîtres et les maîtresses, ni les prêtres, les prédicateurs, les catéchistes et les confesseurs ; sans cela nous serions condamnés pour avoir laissé périr par notre faute les âmes dont nous avions la charge. Puisque trop de parents négligent leurs devoirs sous ce rapport, il faut que vous et nous, nous sachions suppléer à leur négligence et que nous inspirions aux enfants l'horreur du péché qu'ils n'ont pas appris à craindre à la maison ; et que pour cela nous cherchions et nous saisissions toutes les occasions d'en parler pour le condamner et pour lui imprimer le stigmate qu'il mérite. En entendant ainsi parler souvent du mal impur, il est impossible que les enfants même qui y sont le plus portés, ne sentent pas une réaction énergique contre lui, réaction qui, si elle est soutenue par les autres moyens naturels et surnaturels dont nous avons parlé, sera la cause de leur salut.

III. — Est-il possible d'empêcher les enfants de retomber dans le vice impur ?

Maintenant, que faire avec les enfants qui non seulement connaissent le mal et ont de l'inclination pour lui, mais qui s'y sont déjà livrées, soit par faiblesse, soit par entraînement, et qui, en ayant goûté la douceur empoisonnée, croient qu'elles ne pourront jamais cesser de l'aimer? Peut-on encore les en préserver?

Naturellement, pour les en préserver, il faut d'abord les en guérir, et pour cela il faut employer les moyens que nous disions la dernière fois, et surtout la fréquentation des sacrements. Là, il n'y a pas à craindre qu'elles aillent trop souvent se confesser, elles y iraient tous les jours pendant un certain temps jusqu'à ce qu'elles soient guéries, que cela ne devrait pas surprendre celles qui les connaissent. Vous savez comment saint Philippe de Néri guérit un étudiant qui était livré au vice impur et croyait impossible de s'en corriger jamais. Il l'encouragea, le réconforta par de douces paroles, lui donna l'absolution et l'envoya le lendemain communier, avec cette seule condition que s'il retombait dans le péché, il reviendrait se confesser le même jour. Le pauvre jeune homme y retourna en effet le lendemain. Le Saint le remonta de nouveau, lui donna l'absolution et l'envoya communier, toujours avec la même condition de revenir le même jour s'il retombait. Treize jours de suite, le malheureux jeune homme revint, toujours gémissant, mais toujours obéissant. Au bout de ces treize jours, il était radicalement guéri, et pendant le reste de sa vie, il ne cessa d'édifier autant qu'il avait pu scandaliser auparavant. Cette histoire, que vous connaissiez, vous montre que les habitudes les plus invétérées peuvent se vaincre, de même que les inclinations vicieuses les plus violentes. Vous n'en trouveriez point parmi vos élèves qui puissent résister à un traitement semblable, si elles consentaient à l'employer.

Maintenant, supposons-les guéries de leurs mauvaises habitudes, quoiqu'elles sentent encore une grande faiblesse et une grande tendance à y retomber : peut-on les préserver des rechutes ? Oui, en employant les précautions de la prudence chrétienne. Quelles sont-elles ? Il y en a plusieurs ; les deux principales sont la *prière* et la *fuite des occasions*. Ce que Notre-Seigneur a exprimé par les deux mots : *Vigilate et orate, ut non intretis in tentationem.*

1° D'abord la prière. Apprenez-leur à prier toutes les fois qu'elles sont tentées, ou quand elles prévoient que la tentation va venir; à prier non pas du bout des lèvres, mais du fond du cœur. La prière des lèvres est bonne, quand elle ne servirait qu'à ramener pour un instant le souvenir de Dieu, mais elle n'est efficace que quand elle vient en même temps du cœur, c'est-à-dire quand elle est accompagnée d'un vrai désir d'être exaucé. Ici c'est le désir de rester pures et de ne pas pécher qui doit inspirer les prières, les soupirs et les gémissements des enfants, qui se plaignent d'être faibles et portées au mal. Plus elles se sentent faibles et mauvaises, plus elles doivent prier, soupirer, supplier. Dieu ne restera certainement pas sourd à leurs appels, et leur donnera pour chaque moment difficile les grâces dont elles auront besoin. Elles seront toujours sur le point de tomber, et elles ne tomberont jamais. Le sentiment de leur faiblesse leur restera pour qu'elles continuent à se défier d'elles-mêmes et à prier, et en même temps une force invisible les soutiendra pour les empêcher de succomber, même dans les plus fortes tentations. Ce sera surtout l'invocation du nom de Jésus et du nom de Marie qui leur procurera cette force et qui leur vaudra ces victoires.

Si elles y joignent la confession et la communion fréquentes, elles peuvent devenir des saintes, tout en souffrant continuellement des tentations nouvelles et des souvenirs de leur triste passé. Prière, dévotion à la sainte Vierge, confiance au Cœur de Jésus, c'est le premier moyen que vous devez employer pour les préserver des rechutes. Quand elles ont à cœur de ne plus perdre leur innocence et de mourir plutôt que de se souiller encore par un seul péché mortel, elles sentent elles-mêmes combien la prière leur est nécessaire, et cela devient pour elles un besoin de tous les jours et de tous les instants.

2° Le second moyen, c'est la fuite des occasions. Vouloir persévérer sans fuir les occasions, ce serait vouloir rester dans le feu sans brûler. Celui qui aime le péril y périra, dit le Sage. Parmi ces occasions, on en distingue qui sont volontaires et d'autres involontaires.

Les occasions *involontaires* sont plus difficiles à éviter. — Les enfants peuvent en rencontrer même dans leurs familles, même dans leurs parents, leurs frères et sœurs, ou chez les personnes de la même maison. Comment devront-elles se comporter alors? Si ces occasions de péché viennent de personnes qu'elles ne peuvent pas éviter, par exemple de leurs parents qui tiennent des conversations licencieuses ou qui se permettent des choses inconvenantes en leur présence, on ne peut que les exhorter à élever leur cœur vers Dieu, à prier et à protester intérieurement contre les choses qu'elles voient ou qu'elles entendent. Si elles peuvent quitter la maison pour ne pas être témoins de ces spectacles ou ne pas assister à ces conversations, elles le doivent; si elles ne le peuvent pas, leur bonne volonté jointe à la prière suffit : Dieu les assistera. — Il en est de même pour les enfants qui seraient déjà en service et qui auraient à craindre de la part de leurs maitres. Si elles étaient l'objet de violences coupables, il faudrait absolument qu'elles quittent le lieu où elles sont ainsi exposées, dussent-elles risquer de mourir de faim ailleurs. — Si le danger vient de personnes qui n'ont pas la même autorité sur elles, par exemple de frères ou de sœurs, de camarades, ou de voisins ou voisines, elles doivent se montrer beaucoup plus énergiques dans leur résistance et ne pas craindre de faire appel à leurs parents ou à leurs protecteurs naturels, si cela est nécessaire, en leur révélant tout ce qu'elles ont à souffrir ou tout ce qu'elles ont à craindre. Ces révélations leur vaudront sans doute bien des rancunes et des inimitiés, mais il vaut mieux s'attirer la haine des ennemis de Dieu que de vivre en paix avec eux en l'offensant.

Quand il y a des difficultés particulières, l'enfant qui a à craindre pour sa vertu doit exposer sa situation en détail à son confesseur et lui demander conseil ; il n'est pas possible de donner d'avance une règle uniforme pour tout le monde. Ce qui est certain, c'est que l'enfant, comme toute autre personne exposée au péché par une occasion involontaire qu'elle ne peut éviter, doit s'efforcer de neutraliser le danger par toutes les précautions que suggère la prudence chrétienne, la prière, la modestie, la retenue, la réserve, la mortification, la réprobation énergique du mal et la résistance non moins énergique aux tentations des méchants. Une jeune fille dont l'honneur est en jeu, et qui ne peut pas se délivrer du péril autrement, doit savoir qu'elle peut se préserver même au prix de la vie de son agresseur ; si elle le blesse ou si elle le tue pour sauver sa pudeur, ni Dieu ni les hommes ne la condamneront, elle aura fait son devoir d'une manière héroïque. Si elle préfère se laisser tuer plutôt que de céder à des propositions coupables, elle aura droit à la couronne et à la palme des martyres ; ce sera une vierge martyre de plus dans la phalange des héroïnes glorifiées par l'Eglise.

Pour les occasions de péché qui sont *volontaires,* c'est-à-dire que l'on peut éviter si l'on veut, quand même ce serait avec quelques difficultés, il est beaucoup plus facile de décider. Toutes ces occasions doivent être évitées, coûte que coûte, et d'autant plus strictement qu'elles exposent davantage au péché. Les enfants ou les personnes qui ne voudraient pas y renoncer lorsqu'elles le peuvent, montreraient qu'elles n'ont pas de repentir ni de bonne volonté.

Celles qui non seulement ne voudraient pas les fuir, mais iraient même jusqu'à les rechercher, seraient encore, à leur insu peut-être, mais très certainement, esclaves de leur passion et victimes du démon.

Quelles occasions doivent surtout éviter les enfants pour ne pas retomber dans le mal ?

a) Les mauvaises compagnies, la société de compagnes corrompues ou légères qui s'efforceraient de les porter au mal. Si elles le savent, elles doivent les fuir comme la peste. Si les maîtresses les connaissent, elles doivent leur faire un devoir de n'avoir aucune relation avec elles.

b) La compagnie des enfants d'un autre sexe, les jeux, les promenades, les excursions avec eux ; il s'y produit peu à peu une familiarité qui est également nuisible aux uns et aux autres.

c) L'assistance aux divertissements publics qui sont dangereux pour la vertu, comme les bals et les danses, surtout aux fêtes de villages.

d) Le peu de retenue et de réserve dans les bains pris en commun. Il y a des pays où les enfants des deux sexes vont ensemble se baigner, et cela sans aucune des précautions qu'impose la décence ; d'autres, où les petites filles vont d'un côté, et les garçons de l'autre, mais aussi sans respecter pour le costume les exigences de la modestie la plus élémentaire. Comment ces enfants sortiraient-ils de là sans que leur âme ait eu à en souffrir ?

e) Les veillées ou les entretiens solitaires avec des jeunes gens ou des enfants d'un autre sexe. Il s'y développe un attrait sensuel qui dispose à la chute.

f) Les correspondances avec des personnes d'un autre sexe qui les ont flattées et dont elles se croient aimées : c'est un des plus astucieux pièges du démon.

g) Les sentiments tendres ou admiratifs que leur ont inspirés des jeunes gens qu'elles ont vus et dont elles aiment ensuite à se souvenir et à parler entre elles. En conversant ainsi seules ou avec d'autres, elles se forment des chimères qui absorbent toute leur activité, qui les rendent incapables de bien s'acquitter de leurs devoirs d'état, et les prédisposent aux chutes en les amollissant.

h) Les lectures frivoles ou dangereuses, à plus forte raison les mauvaises lectures : il n'y a pas de dissolvant plus pernicieux pour la vertu ; c'est pourquoi l'Eglise les interdit par la Sacrée Congrégation de l'Index sous peine de péché grave et quelquefois d'excommunication.

i) Les tableaux immodestes et les spectacles indécents : les uns et les autres sont un poison pour les yeux et pour le cœur.

Outre tout cela, il peut y avoir encore beaucoup d'autres occasions de péché; cela dépend de chacun. Nous ne mentionnons que les principales et les plus communes.

Quand une enfant sait qu'il y a pour elle, dans tel lieu, dans telle circonstance, auprès de telle personne, un danger de consentir au péché, elle est strictement obligée d'éviter cette occasion. « Fuyez, fuyez le danger »; pouvez-vous leur dire, « ne vous exposez pas. Rappelez-vous que vous n'avez qu'*une âme*, et qu'il faut absolument la sauver, par conséquent la préserver du péché. Si, comme le disait un cardinal au roi Henri VIII, vous aviez deux âmes à votre disposition, vous pourriez en sacrifier une au service de votre passion; mais vous n'en avez qu'une, et si celle-là est perdue, tout est perdu. Donc, faites tout votre possible pour la sauver, et si vous ne voulez pas qu'elle brûle dans le feu de l'enfer ou du purgatoire, ne l'exposez pas au feu de la concupiscence et des mauvais désirs, allumé par les occasions de péché. »

En répétant souvent ces enseignements à vos enfants, mes chères Sœurs, vous pourrez les préserver, sinon de toutes, au moins de la plupart des occasions de péché. Le monde en est plein : *Totus mundus in maligno positus est,* dit saint Jean. Par conséquent on ne peut pas les éviter entièrement, mais on peut au moins les fuir, en tant qu'elles sont volontaires ; les éloigner plus ou moins, en tant qu'elles sont involontaires ; et en tout cas, s'armer de bonnes résolutions et de prières pour y résister toujours, et même pour les changer en bien. « *Noli vinci a malo, sed vince in bono malum,* dit saint Paul : Ne vous laissez pas vaincre par le mal, mais triomphez du mal par le bien. »

Apprenez cela à vos enfants, mes chères Sœurs, et pratiquez-le vous-mêmes. Ainsi vous pourrez passer bien longtemps, peut-être toute une année, peut-être même toute votre vie, sans avoir la douleur ni de tomber dans le péché, ni d'y voir tomber les âmes que vous aimez.

Note. — Il y aurait encore une instruction à ajouter sur cette matière. Ce serait pour expliquer le rôle d'une vertu à laquelle on ne pense pas assez peut-être — l'humilité — dans l'éducation des enfants. Mais ce sujet sera plus à sa place dans une série d'autres conférences sur l'humilité : humilité dans le vœu de pauvreté, dans le vœu de chasteté, dans le vœu d'obéissance ; humilité dans la charité fraternelle et dans l'éducation des enfants.

Cette nouvelle série de conférences fera suite, s'il plaît à Dieu, aux conférences sur les *Repas* et aux conférences sur la *Classe*, et formera un petit volume du même format et du même prix.

TABLE ANALYTIQUE DES MATIÈRES

PREMIÈRE CONFÉRENCE

La classe au point de vue chrétien.

Reflet surnaturel qui doit rester des exercices de piété du matin et qui doit se montrer partout, surtout en classe. Mission des Sœurs enseignantes, comme religieuses et comme maîtresses : La religion doit être la base de leur enseignement et tout animer de son esprit, 1-5. — Comment cela se fera-t-il? 1° par la prière, 2° par la parole, 3° par l'exemple, 5-6.

I. — La Prière.

I. *Avant la classe.* Sa nécessité : *a*) pour les Sœurs dont elle ravive la foi et à qui elle obtient les grâces dont elles ont besoin ; *b*) pour les enfants à qui elle facilite la docilité et à qui elle fait offrir à Dieu tout ce qu'elles font, 6-7.

Manière de faire ces prières : *a*) pour l'attitude ; *b*) le signe de la croix ; *c*) pour la participation de tous les enfants à la prière, 7-8.

II. *Pendant la classe.* 1° Prière des heures ; ne pas les omettre par respect humain, y habituer les enfants ; 2° en dehors des heures, pendant le travail surtout ; 3° prières particulières de la maîtresse lorsqu'elle a besoin de lumière ou de force, ou de calme, 8-10.

III. *Après la classe.* 1° Prière pour rendre grâces à Dieu ; 2° courte parole d'exhortation aux enfants, bouquet spirituel, 10-11.

II. — La Parole.

I. *Enseignement direct des vérités de la foi :*

1° *Quand il est donné par les prêtres :* a) y préparer les enfants par la lettre du catéchisme ; b) bien écouter les explications ; c) se faire résoudre les difficultés ; d) faire répéter les explications après le catéchisme, 11-13.

2° *Quand il n'y a pas de prêtres pour faire le catéchisme*, y suppléer : a) en expliquant de son mieux les paroles du catéchisme ; b) en s'instruisant à fond pour pouvoir répondre aux questions des enfants ; c) en avouant son ignorance quand on ne sait pas, 13-15.

II. *Enseignement indirect de la religion* par les réflexions qu'on fait en différentes circonstances :

1° Quand on est bien persuadé que l'on doit en toutes circonstances faire du bien à l'âme de ses élèves, on en trouve une foule d'occasions en classe. a) Exemple de ce que ferait un saint Ignace conjuguant le verbe *aimer ;* b) de ce que font les PP. Jésuites : « Ils m'ont appris à aimer la sainte Vierge » ; c) de ce que faisait saint Joseph Calasanz ; d) le Vén. Champagnat ; M. Mathieu, professeur à Châlons (note), 15-19.

2° On peut faire de ces réflexions à propos de tout, pourvu : a) qu'on soit plein de la pensée de Dieu ; b) qu'on demande à Dieu d'inspirer ce qu'il faut dire, 20.

3° Eviter seulement deux écueils : a) le respect humain, la crainte de passer pour trop dévote ; b) l'indiscrétion qui accablerait les enfants de longs sermons et leur ferait prendre la piété en aversion. Suivre en cela l'inspiration de Dieu et s'oublier soi-même, 20-23.

III. — L'Exemple.

Fac secundum exemplar. Ce que Notre-Seigneur est pour nous, une maîtresse l'est en petit pour ses élèves : 1° parce qu'elles la croient parfaite ; 2° parce qu'elles l'ont toujours sous les yeux. On suit plutôt l'exemple que les leçons, 23-24.

Une maîtresse doit : 1° *ne donner que de bons exemples*, jamais de mauvais, par ex. : a) de colère, b) de mauvaise humeur, *c*) de jalousie, *d*) de fausseté, *e*) de curiosité (empêcher les délations des enfants), *f*) de paroles grossières, *g*) de détraction, 24-28; — 2° *donner de bons exemples : a*) dans ses rapports avec Dieu, respect; *b*) avec le prochain; *c*) avec elle-même : dignité, franchise et confiance, délicatessé de conscience en ce qui touche à la belle vertu. Imiter saint François d'Assise prêchant par sa modestie dans les rues, 28-30.

DEUXIÈME CONFÉRENCE

La classe au point de vue naturel ou humain.

Tout en portant les enfants à Dieu, les Sœurs doivent être des maîtresses modèles, même aux yeux du monde, afin que les parents incroyants eux-mêmes leur confient leurs enfants auxquelles elles feront du bien. Pour que leurs écoles soient les meilleures, il faut : 1° *du côté des maîtresses : a*) de la bienveillance, *b*) de l'autorité, *c*) de la compétence; — 2° *du côté des élèves : a*) discipline, *b*) application, *c*) connaissances, 31-32.

I. — La classe du côté des maîtresses.

I. *Affection réelle* et *bienveillance constante* pour toutes leurs élèves, même les moins bien douées. Pas de particularité; préférer plutôt, comme Notre-Seigneur, les enfants pauvres et défectueuses; aimer toutes les enfants pour Dieu, 33-36.

II. *Autorité incontestée*, parce qu'elles sont représentantes de Dieu auprès de leurs élèves : elles font respecter cette autorité en elles comme elles la respectent dans les autres, 36-37. — Pour se faire respecter elles doivent : *a*) *se posséder;* pas de colère, ni d'inégalité d'humeur, ni de familiarité, 37-38; — *b*) savoir *commander*, comme elles ont appris à obéir : au nom de Dieu, ce qui brise la résistance, 38-40; — *c*) savoir *gronder*, plus ou moins fort selon les fautes; seulement, 1° ne pas être trop exigeantes, 2° ne pas employer de paroles dures ou mépri-

---

TROISIÈME CONFÉRENCE

La classe au point de vue pédagogique.

compter sur l'intelligence naturelle des enfants pour les dispenser d'exercer leur mémoire, ce qui les laisse ignorants et les rend incapables de retenir; 2° de s'attacher trop à la mémoire et pas assez à l'intelligence, ce qui rend les enfants incapables de penser par eux-mêmes, 63-66. — *Remarque :* Cultiver la mémoire, mais non la surcharger. Matières à apprendre. Simplifier les programmes : seulement ce qui est utile, 66-68.

II. *Avec les enfants déjà plus grandes, développer surtout le jugement, en les habituant à penser par elles-mêmes,* sans cependant négliger la mémoire. La mémoire se développe par un exercice méthodique et continu, proportionné à la force des enfants, 68-71. — Mais surtout leur jugement se développe quand on leur apprend : *a) à raisonner,* ce qu'elles font déjà naturellement; *b) à réfléchir,* la plupart de leurs fautes viennent de l'irréflexion, *incogitatio,* 71-74; *c) à trouver la vérité* par des interrogations graduées : méthode socratique, l'abbé Noirot; excellente méthode pour ne pas juger sur des apparences ou sur des impressions, mais d'après la vérité, 74-76.

II. — Comment former le cœur.

Importance de cette formation. Elle a lieu : 1° en implantant et en développant les bons sentiments dans les enfants; 2° en détruisant en eux les mauvaises inclinations, 77-78. — Pour cela, s'attacher à connaître leur caractère, et quand on les voit portés à un défaut, 1° le combattre et, 2° le leur faire combattre. Leur faire comprendre *a)* combien ce défaut leur nuirait, *b)* combien, par affection pour eux, on doit tâcher de les en délivrer. Cela les porte à bien accueillir ce qu'on leur dit, 79-81. — Double avantage de la lutte contre ses défauts : soutenir les efforts des enfants, 82-83. — Protéger surtout l'innocence et combattre l'impureté : la première rend les enfants aimables, la seconde les rend réfractaires à tout bien et en fait une croix pour les maîtresses. Donc s'efforcer 1° de découvrir ce mal, 2° de le combattre et de le détruire, et 3° d'en préserver les enfants qui en sont encore exempts, 83-87.

QUATRIÈME CONFÉRENCE

La classe au point de vue des mœurs.

Le vice impur peut paralyser tous les efforts des meilleurs maîtres. Comment donc le découvrir et le combattre, 88-89.

I. — Comment découvrir le vice impur dans les enfants.

Par une surveillance de tous les instants. Dans les enfants qui commencent, cela se voit facilement. Ne pas les soupçonner trop vite, mais ne pas non plus être trop confiante, 89-90. — Les enfants plus âgées sont plus dissimulées. Cependant, en les observant bien, on voit si elles sont déjà atteintes par le mal. Indices qui le font reconnaître. Double devoir : 1° l'empêcher de se propager, 2° le guérir, 90-92.

II. — Comment combattre le vice impur chez les enfants.

I. Empêcher ce mal de se propager. Pour cela, savoir si l'enfant coupable est seule coupable, si elle a été entraînée, etc. La prendre à part et lui parler avec bonté, et non avec indignation, pour qu'elle avoue sa faute. Si elle est convaincue de la bonté et de la discrétion de ses maîtresses, elle leur avouera tout, sur elle-même et sur les autres. Alors user de tous les moyens naturels et surnaturels pour détruire le mal, 92-95.

1° *Moyens naturels.* a) Agir sur l'*intelligence*, lui montrer le grand mal que produit le péché; b) agir en même temps sur la *volonté*, lui en inspirer l'horreur, lui montrer qu'elle peut le vaincre, l'y engager par l'amour qu'elle a pour ses parents, ses maîtresses, ses compagnes, pour elle-même, 95-98.

2° *Moyens surnaturels*, beaucoup plus puissants. Inspirer a) la frayeur de ce péché qui est grave, qui mérite la damnation, puis b) le besoin de s'en décharger le cœur en le confessant. Tous les autres moyens sans celui-là sont insuffisants, 98-101. — Confession et communion fréquentes au collège Stanislas, chez les Jésuites, chez

M. Allemand, dans les maisons de Don Bosco, au collège de Dôle, 101-103.

Objections. — 1° Ces confessions fréquentes ne sont pas possibles chez nous. — *Rép.* En effet, les *prêtres* ne s'y prêteraient pas tous. Mais *a*) prier Dieu de leur inspirer beaucoup de zèle, *b*) leur demander de faire par charité plus que les règlements ne commandent, *c*) leur envoyer plus souvent au moins les enfants qui en ont plus besoin. — Dans les pensionnats c'est presque toujours facile, 103-105.

2° De la part des *maîtresses.* Quelques-unes regardent la confession comme une faveur et ne l'octroient qu'aux enfants qui sont sages. — *Rép.* Ce sont, au contraire, les enfants méchantes qui en ont le plus besoin et qu'il faut y stimuler davantage, 105-106.

Instance. Les enfants n'en reviennent pas meilleures, 105-106. — *Rép.* Les défauts extérieurs ne sont qu'un accessoire, le principal c'est l'état de grâce, que la confession et la communion leur rendent. Leurs défauts n'empêchent pas l'état de grâce, le vice impur les mettrait en état de péché mortel même quand elles n'auraient pas de défauts extérieurs. Donc ne pas les priver des sacrements à cause de leurs défauts ; seulement, travailler à les en corriger. Ne jamais interdire la communion que pour des fautes graves et publiques qui ne seraient pas réparées. Au contraire, en favoriser la fréquentation le plus possible, 106-111.

3° De la part des *parents.* Plusieurs ne veulent pas que leurs filles soient si pieuses et qu'elles communient si souvent. — *Rép.* Leur dire qu'il y a une règle pour toutes de se confesser une fois par mois, que dans l'intervalle elles sont libres d'y aller plus souvent, suivant le besoin qu'elles en éprouvent, 111.

Inst. 1. Il faudrait le leur défendre. — *Rép.* Mais *a*) nous n'avons pas le droit de nous mettre entre une âme et Dieu : personne ne l'a. *b*) Vous savez par expérience que plus les enfants fréquentent les sacrements, plus elles deviennent bonnes, 111-113.

Inst. 2. Elles ne pourront pas en faire autant à la maison. — *Rép.* Cela ne vous regarde plus ; ce sont les parents qui alors sont obligés de leur laisser pleine liberté pour leurs devoirs religieux. Mais tant qu'elles sont chez vous, vous devez leur laisser tous les moyens de devenir aussi bonnes que possible, 113-114.

Inst. 3. Si les parents sont dans le lieu même et empêchent leurs enfants de fréquenter les sacrements ? — *Rép.* Leur faire des représentations bienveillantes et faire prier les enfants.

II. En employant ce moyen, qui est le seul puissant pour guérir les enfants coupables, on préserve en même temps les autres. Pour cela il faut 1° prendre les enfants à part, 2° supposer qu'elles sont encore convertissables. Si elles étaient obstinées dans le mal, il faudrait les renvoyer : autrement, on serait responsable de l'âme des autres enfants qu'elles perdraient. Mais si on les guérit, quelle belle couronne on aura ! 115-119.

CINQUIÈME CONFÉRENCE

La classe au point de vue de la préservation.

Qu'est-ce que préserver les enfants du péché impur ? Est-ce empêcher 1° qu'elles en aient la connaissance, 2° ou qu'elles aient de l'inclination pour lui, 3° ou qu'elles s'y laissent aller ? 120-121.

I. — Est-il possible d'empêcher que les enfants aient jamais connaissance du péché impur ?

Depuis le péché originel ce n'est plus possible, parce que 1° l'enfant a l'instinct du plaisir sensuel et le désir de le goûter ; 2° il ne peut guère échapper aux impressions de ce qu'il voit et de ce qu'il entend, même souvent dans les familles chrétiennes. Exceptions : saint Bonaventure, Clara Cherubini, 121-124. — En général l'enfant a de bonne heure une idée du mal, soit par lui-même soit par d'autres ; cette idée produit en lui un sentiment de malaise et de honte qui est la pudeur. Si la pudeur est développée en lui avant qu'il ne connaisse le mal, il en aura de l'horreur quand il le connaîtra. Sainte Catherine de Sienne, saint Louis de Gonzague. Il faut donc, non pas faire l'impossible pour qu'il ne connaisse jamais le mal, mais le prémunir d'avance contre lui, 124-127. — Erreur des parents qui ne veulent pas qu'on y fasse même allusion. 1° Souvent les enfants qui simulent l'innocence sont beaucoup plus instruits du mal que ne le croient les parents; 2° même s'ils n'en sont pas instruits, il est bon cependant de le leur faire détester d'avance, de les faire rougir de tout ce qui blesse la modestie, regards, actes, paroles. Pour cela se servir d'expressions assez générales, et cependant, assez claires aussi. Ainsi ils seront prémunis contre le mal, 127-131.

II. — Est-il possible d'empêcher que les enfants aient de l'inclination pour le péché impur?

Si l'on n'a pas pris ces précautions pour faire détester d'avance le mal aux enfants, et qu'ils apprennent à le connaître : les uns, les enfants bien nés et habitués à tout dire à leurs parents, leur diront ingénument ce qu'ils ont vu ou entendu, et on pourra les mettre en garde contre le mal; les autres, moins ouverts ou plus enclins au mal, dissimuleront ce qu'ils ont éprouvé, 131-134. — Comment procéder avec eux, alors? — 1° Si l'impression qu'ils ont reçue du mal a été fugitive, on peut la détruire, en leur montrant la laideur de ce vice et en leur en faisant honte; 2° Si l'impression du mal a été plus profonde, on sera plus explicite et on leur dira que c'est un péché grave et honteux, toujours défendu; 3° S'ils ont déjà un fort penchant au mal, on stigmatisera ce mal en toute occasion, cela les fera rougir et fortifiera en eux la pudeur, 134-136. — Avec les enfants qui ignorent le mal, être très sobre d'allusions; avec ceux qui le connaissent et qui y sont enclins, en parler très souvent pour leur en inspirer l'horreur et l'effroi, sans quoi il poursuivrait sourdement ses ravages et on serait responsable de leur perte, 136-138.

III. — Est-il possible d'empêcher les enfants de retomber dans le vice impur?

Oui, si l'on emploie les moyens naturels et surnaturels de les guérir, surtout la fréquentation des sacrements. Exemple : saint Philippe de Néri guérissant un étudiant qui retombait toujours, 138-140. — Comment les préserver des rechutes? — *Rép.* 1° par la prière, 2° par la fuite des occasions.

I. *La prière :* prière des lèvres et surtout du cœur, dans la tentation et dans la prévision de la tentation. Sentiment de sa propre faiblesse. Invocations des noms de Jésus et de Marie, confession et communion fréquentes, 140-142.

II. *La fuite des occasions,* soit volontaires soit involontaires.

b) Occasions involontaires, à la maison et même dans la famille. Si on ne peut pas quitter, élever son cœur vers Dieu, Si on peut quitter, le faire. Jeunes filles en service exposées, doivent chercher une autre place; quelquefois elles devront dénoncer leurs persécuteurs; en cas de besoin elles peuvent se défendre aux dépens de la vie de l'agresseur, 142-145.

a) Occasions volontaires. Les éviter absolument, à moins qu'on ne veuille encore pécher. Eviter surtout *a)* les mauvaises compagnies, *b)* les enfants d'un autre sexe, *c)* les divertissements publics, *d)* le peu de retenue dans les bains pris en commun, *e)* les veillées ou entretiens avec des personnes d'un autre sexe, *f)* les correspondances, *g)* les sentiments tendres ou admiratifs pour les personnes d'un autre sexe, *h)* les lectures frivoles ou dangereuses, *i)* les tableaux et les spectacles indécents, 145-148.

Partout où il y a du danger, le fuir. Nous n'avons qu'une âme, la sauver. Le monde est plein de dangers. Vaincre le mal par le bien, 148-149. Note, 150.

Bar-le-Duc. — Impr. de l'Œuvre de Saint-Paul. — 4267,99.

Ouvrages du même auteur.

L'ange de Frohsdorf, éloge funèbre de M. l'abbé Trébuquet, aumônier de M. le Comte de Chambord. — Discours prononcés dans la chapelle royale de Frohsdorf et suivis de quatre discours de M. l'abbé Trébuquet. Nouvelle édition, augmentée d'une notice nécrologique, par M. le Dr Ed. Carrière, et de plusieurs documents, notes et discours inédits. 1 volume grand in-8°. — Prix net : 5 fr. au profit du Denier de St-Pierre. — Paris, librairie Ch. Douniol, 29, rue de Tournon. 1870.

Allocutions prononcées dans la chapelle royale de Frohsdorf après la mort de M. le Comte de Chambord, le 26 août et le 2 septembre 1883. — Brochure in-8°. Paris, librairie catholique de l'Œuvre de Saint-Paul, 1884. — Cette brochure n'a pas été mise dans le commerce. Les exemplaires restants sont envoyés aux personnes qui veulent bien faire une aumône de 2 fr. à l'Œuvre de Saint-Paul.

La vénérable servante de Dieu Marie-Christine de Savoie, reine des Deux-Siciles. Souvenirs intimes. — Traduit de l'allemand, d'une notice imprimée à Gratz en 1882. — 1 vol. in-12. Paris, librairie catholique de l'Œuvre de Saint-Paul, 1884. — Prix : 0 fr. 75 *franco*.

L'enfant de la Providence, Madame Mélanie Frémont, née Iidet du Pavillon, décédée à Frohsdorf le 3 décembre 1886, dans sa 22e année. — Résumé de l'instruction faite à la messe du dimanche 5 décembre 1886 dans la chapelle royale de Frohsdorf. — Brochure in-12. Paris, librairie de l'Œuvre de Saint-Paul, 1887. (*Epuisé.*)

Livre sur la vie et la mort de saint Dominique, par Thierry d'Apolda, de l'Ordre des Frères Prêcheurs, traduit et annoté par Mgr Amédée Curé. — Un beau volume in-12 de XII-576 p., avec un magnifique portrait en taille-douce de saint Dominique, gravé par la maison Schulgen. Paris, librairie de l'Œuvre de Saint-Paul. —. Prix : 4 fr. ; *franco* par la poste, 4 fr. 80. Le portrait seul in-8° : 30 cent. pièce, 3 fr. 50 la douz.

Sur la mort de Madame la Duchesse de Madrid, décédée à Viareggio le 29 janvier 1893. Homélie prononcée dans la chapelle royale de Frohsdorf le dimanche 5 février 1893. — Brochure in-8°. Paris, librairie catholique de l'Œuvre de Saint-Paul, 1893. — Prix : 40 cent. ; *franco* par la poste : 50 cent.

Bar-le-Duc. — Impr. de l'Œuvre de Saint-Paul. — 4207,93

www.ingramcontent.com/pod-product-compliance
Ingram Content Group UK Ltd.
Pitfield, Milton Keynes, MK11 3LW, UK
UKHW021049230726
13926UKWH00004B/1734

9 782016 202241